HEYNE

Über die Autorin:

Angela Troni, geboren 1970, hat vier Jahre in einem großen deutschen Verlag gearbeitet, bevor sie sich 1999 als freie Lektorin und Übersetzerin selbstständig machte. Von ihr sind bisher zwei literarische Kochbücher sowie zwei erfolgreiche Geschenkbücher »Frauen ticken einfach anders. Mit weiblicher Logik ans Ziel« und »Gebrauchsanweisung für Männer und Frauen« erschienen. Angela Troni lebt und arbeitet in München.

Angela Troni

Die dö~~ö~~fsten Deutsch-fehler

Sprachliche Stolperfallen
und wie man sie umgeht

WILHELM HEYNE VERLAG
MÜNCHEN

FSC
Mix
Produktgruppe aus vorbildlich
bewirtschafteten Wäldern und
anderen kontrollierten Herkünften

Zert.-Nr. SGS-COC-1940
www.fsc.org
© 1996 Forest Stewardship Council

Verlagsgruppe Random House FSC-DEU-0100
Das für dieses Buch verwendete FSC-zertifizierte Papier
München Super liefert Mochenwangen.

3. Auflage

Originalausgabe 5/2006

www.heyne.de
Printed in Germany 2006
Umschlaggestaltung: eisele grafik-design, münchen
Satz: C. Schaber Datentechnik, Wels
Druck und Bindung: GGP Media GmbH, Pößneck

ISBN-10: 3-453-60032-0
ISBN-13: 978-3-453-60032-4

Inhalt

Sämtliche in diesem Buch gefundenen orthografischen und/oder grammatikalischen Fehler dürfen vom Entdecker behalten werden.

Alles nicht so schlimm

Gram-ma-tik – allein wenn Sie dieses Wort schon hören oder lesen, läuft Ihnen eine Gänsehaut über den Rücken? Beim Gedanken an den Deutschunterricht in der Schule wird Ihnen schlecht? Außer der inzwischen ohnehin überholten Eselsbrücke »Trenne nie das s vom t, denn es tut den beiden weh«, die im Übrigen mit Grammatik so viel zu tun hat wie die russische Sprache mit Russisch Brot, ist nichts bei Ihnen hängen geblieben? Und spätestens als Ihr Lehrer etwas von Kongruenz im Numerus und im Genus oder Präpositionalgefügen mit Genitivattribut gefaselt hat, haben Sie beschlossen, für den Rest Ihres Lebens eine mittelschwere Grammatikallergie zu kultivieren?

Recht so!

Immerhin geht es nicht wenigen Menschen hierzulande wie Ihnen und Sie sind bei weitem nicht allein auf weiter Flur. Denken Sie nur mal an »den Deutschen ihre liebsten Fehler« oder all »die vielen Fehler, wo alle ständig machen«. Falls Sie bisher gar nicht wussten, dass diese Formulierungen falsch sind, lassen Sie sich davon bitte nicht großartig irritieren, sondern lesen Sie einfach weiter und tun Sie so, als wäre nichts gewesen. Sie werden sich in diesem Buch noch ausführlich damit befassen dürfen, und spätestens dann werden Sie es sich merken – versprochen.

An dieser Stelle sollten Sie vorerst nur eines verinnerlichen: Es ist alles halb so wild. Ehrlich!

Sie wissen doch: Nichts wird so heiß gegessen, wie es gekocht wird. Oder, um beim Thema zu bleiben: Kaum etwas wird so geschrieben, wie von der Rechtschreibkommission beschlossen. Ein

Rechtschreibchaos hat sich seit dem 01.07.1996 in dieser Republik breit gemacht, und ein jeder nutzt die dankbare Ausrede: »Bei den vielen Überarbeitungen der Reform weiß doch kein Mensch mehr, wie was geschrieben wird«, um klammheimlich so weiterzumachen wie bisher und seine eigenen orthografischen, sprachlichen und grammatikalischen Schwächen munter zu vertuschen.

Leider hilft es jedoch nicht wirklich, wenn Sie sich bei der Frage, ob es nun »Klaus oder Petra kommt heute Abend« oder »Klaus oder Petra kommen heute Abend« heißt, damit herauszureden versuchen, dass Sie nicht wissen, ob Sie sich bei der Wahl der richtigen Variante nun nach der alten oder der neuen Rechtschreibung richten sollen. Warum? Ganz einfach: Es handelt sich um Grammatik!

Und die hat die Rechtschreibkommission mitnichten angetastet, was letztlich bedeutet: Hier herrschen deutlich länger beschlossene Regeln. Nur leider kennt die im Zweifelsfall auch niemand. Schade eigentlich! Dabei sind diese »komplizierten« Regeln bei weitem nicht so schwer, wie sie auf den ersten Blick aussehen. Und für all die anderen Stolperfallen, die das Deutsche außerdem für uns bereithält, gibt es ebenfalls zahlreiche Tricks.

All denjenigen, denen das immer noch zu anstrengend klingt, sei zum Trost gesagt: keine Panik! Heutzutage kann man sogar mit den »dö~~ö~~fsten« Deutschfehlern berühmt werden. Das beweist nicht zuletzt Naturtalent Verona Pooth, die mit Sprüchen wie »Da werden Sie geholfen« sogar in die Grammatikannalen Einzug hielt. Was lernen wir daraus? Koketterie und Mut zur Lücke helfen auch weiter.

In diesem Sinne: eine vergnügliche Lektüre!

Die »ultimativsten« Grammatiktests

Jetzt mal ehrlich. Wie steht es um Ihre Deutschkenntnisse?
Ist bei Ihnen aus grammatikalischer Sicht tatsächlich Hopfen und Malz verloren? Mogeln Sie sich seit Jahren irgendwie durch den Regel-Dschungel? Oder haben Sie die deutsche Sprache mit all ihren Tücken fest im Griff?
Egal ob Sie in der grammatikalischen Kreisklasse spielen oder in der ersten Bundesliga: Hier können Sie Ihre Kenntnisse auf die (zum Teil harte) Probe stellen und herausfinden, wie es wirklich um Ihre Beziehung zur deutschen Sprache steht. Der Test ist in drei Stufen eingeteilt: Greenhorns, Otto Normalverbraucher und Profis; vorgeschoben ist noch ein Test, mit dessen Hilfe Sie ermitteln können, welcher Grammatik-Typ Sie sind. Stürzen Sie sich also ins Vergnügen und stellen Sie sich den Fragen.

Vorab – Alles eine Typfrage

Haben Sie sich schon einmal gefragt, welcher Grammatiktyp Sie sind? Mit Sicherheit nicht. Komisch! Dabei stürzen Sie sich doch garantiert sonst auf jedes x-beliebige Horoskop und lassen keinen noch so absurden Psychotest unbeantwortet. Zwar werden Sie hier nicht erfahren, ob der Genitiv in diesem Jahr günstig für Sie steht und ob Ihr Aszendent Akkusativobjekt sich negativ auf Ihr Glück in der Liebe auswirkt, aber Sie können endlich mal Ihre Deutschkenntnisse richtig einschätzen. Ist das nichts? Also, ran an die Aufgaben!

Kreuzen Sie bei den folgenden Aussagen jeweils an, ob Sie diesen zustimmen oder nicht.
Die Auswertungen sowie die Lösungen für alle weiteren Tests finden Sie dann im hinteren Teil des Buches.

1. Bei dem Wort Kopulativkomposita müssen Sie eher an Sex als an zusammengesetzte Substantive denken.

   Ja ☐ Nein ☐

2. Sie können mit absoluter Sicherheit sagen, dass Oddset bei Pars pro TOTO nicht die Finger im Spiel hat.

   Ja ☐ Nein ☐

3. Exzeptivkonditionalsatz, Pertinenzdativ und Resultativkonstruktion hören sich so kompliziert an, dass Sie nicht mal für Geld wissen wollen, worum es sich dabei handelt.

   Ja ☐ Nein ☐

4. Sie wissen auf Anhieb, worin der Unterschied zwischen scheinbar und anscheinend besteht.

   Ja ☐ Nein ☐

5. Die korrekte Anwendung der Kommaregeln beschäftigt Sie nicht wirklich. Schließlich haben Sie auch noch andere Hobbys.

   Ja ☐ Nein ☐

6. Sie haben schon einmal mit dem Gedanken gespielt, eine Gesellschaft zur Rettung diskriminierter grammatikalischer Formen zu gründen – selbst auf die Gefahr hin, dass Sie deren einziges Mitglied sind ... und auf Dauer auch bleiben werden.

   Ja ☐ Nein ☐

7. Abtönungspartikel – das klingt doch irgendwie nach einem Bestandteil von Wandfarbe oder Make-up.

Ja ☐ Nein ☐

8. Sie haben immer die aktuelle Duden-Ausgabe im Haus.

Ja ☐ Nein ☐

9. Sie können alle Wortarten, die es im Deutschen gibt, aus dem Effeff aufzählen.

Ja ☐ Nein ☐

10. Bei E-Mails schreiben Sie einfach drauflos und achten nicht weiter auf Rechtschreibung und Grammatik. Schließlich wollen Sie hier keinen Nobelpreis gewinnen, sondern Zeit.

Ja ☐ Nein ☐

11. Sie sagen häufiger Sätze wie »Das macht Sinn«, »Das erinnere ich jetzt nicht« oder »Ich war geschockt«.

Ja ☐ Nein ☐

12. Wann, wo und warum der Dativ oder Genitiv steht – darum sollen andere sich kümmern. Bisher hat noch jeder verstanden, was Sie von ihm wollen, und das reicht Ihnen.

Ja ☐ Nein ☐

13. Sie lesen auch schon mal ein Buch der schönen Sprache wegen und nicht nur in der Hoffnung auf ein Happy End.

Ja ☐ Nein ☐

14. Sie kennen den Unterschied zwischen Konjunktiv I und II.

Ja ☐ Nein ☐

15. Die Rechtschreibreform lässt Sie völlig kalt. Sie schreiben einfach weiter wie bisher.

Ja ☐ Nein ☐

16. Wenn Sie in der Zeitung wiederholt auf Grammatikfehler stoßen, juckt es Sie durchaus in den Fingern, in einem Leserbrief Ihrer Empörung Luft zu machen.

Ja ☐ Nein ☐

17. Deutschsprachlich und deutschsprachig ist für Sie dasselbe. Hat schließlich beides mit Deutsch zu tun.

Ja ☐ Nein ☐

18. Im Deutschunterricht hatten Sie immer schon eine gute Note.

Ja ☐ Nein ☐

19. Wenn Sie einen Brief mit Word schreiben, sind Sie jedes Mal sehr dankbar für die Rechtschreibhilfe und machen auch Gebrauch davon.

Ja ☐ Nein ☐

20. Und sonst? Haben Sie schon fertig?

Ja ☐ Nein ☐

Nachdem Sie nun Ihren persönlichen Grammatiktyp bestimmt haben, sind Sie mental bestens für die folgenden drei Tests gerüstet. Wenn Sie sich nicht sicher fühlen, beginnen Sie lieber mit dem Greenhorn-Test. Bestehen Sie diesen mit Bravour, wird Sie das gewiss für die weiteren Aufgaben beflügeln.

Der Greenhorn-Test – Ein bisschen Spaß muss sein

Zum Aufwärmen wollen wir die Sache erst mal ganz locker angehen und ein bisschen die Grammatikmuskeln dehnen. Entspannen Sie sich, greifen Sie zum Stift und legen Sie los. Den Telefonjoker können Sie sich getrost für später aufheben – Sie werden ihn nämlich ganz sicher noch brauchen.

1. **Eine Firma wirbt für ihren Service mit dem Slogan »Da werden Sie geholfen«. Ist dieser Satz grammatikalisch korrekt?**

   a) Na klar, schließlich kommt das immer so im Fernsehen.
   b) Mir doch egal. Heutzutage muss sich eh jeder selbst helfen.
   c) Um Himmels willen, nein. Es muss richtig »wird Ihnen« heißen. Das ist doch eine Verballhornung der deutschen Sprache.
   d) Das war zwar ursprünglich mal falsch, wurde aber inzwischen als richtig in den neuen Duden aufgenommen.

2. **Welcher der folgenden Sätze ist ohne Fehler?**

   a) Du kannst dich auf mich verlassen.
   b) Du kannst dir auf mir verlassen.
   c) Du kannst dich auf mir verlassen.
   d) Du kannst dir auf mich verlassen.

3. **Welcher der folgenden Sätze ist richtig? Die Koryphäen in seinem Garten verloren im Herbst ihre Blätter. Oder: Die Koniferen in seinem Garten verloren im Herbst ihre Blätter.**

   a) Ich habe nicht die geringste Ahnung. Schließlich bin ich keine Konifere auf dem Gebiet.

b) Ganz einfach: der zweite Satz natürlich, eine Koryphäre ist jemand, der außergewöhnliche Fähigkeiten besitzt, und kein Baum.
c) Der erste Satz ist richtig, keine Frage.
d) Keiner von beiden. Zwar muss es Koniferen heißen, doch handelt es sich dabei um Nadelbäume und die haben keine Blätter.

4. **In welchem der folgenden Sätze ist der Gebrauch des Partikels »wo« korrekt?**

   a) Die Frau, wo gerade angerufen hat, will sich morgen noch mal melden.
   b) In dem Moment, wo die Frau angerufen hat, war ich unter der Dusche.
   c) Die Mutter führte ihren Sohn in das Spielzimmer, wo sich die anderen Kinder aufhielten.
   d) Das Buch, wo ich mir gestern erst gekauft habe, ist nicht so spannend wie erwartet.

5. **Nehmen wir mal an, Ihre noch sehr rüstige Großmutter vertreibt sich die Zeit, indem sie das bekannte Lied »Meine Oma fährt im Hühnerstall Motorrad« in die Tat umsetzt. Handelt es sich bei dem fahrbaren Untersatz dann um ...**

   a) ... meiner Oma ihr Motorrad?
   b) ... Omas Motorrad?
   c) ... meiner Oma sein Motorrad?
   d) Meine Oma hat gar kein Motorrad. (Schade!)

6. **Bitte vervollständigen Sie den folgenden Satz. Ein durchwachsenes Kotelett ist mir lieber ...**

   a) ... als ein trockenes Hühnerbrustfilet.
   b) ... wie ein trockenes Hühnerbrustfilet.
   c) ... als wie ein trockenes Hühnerbrustfilet.

d) Ich bin Vegetarier und mir wird allein beim Gedanken an Koteletts und Hühnerbrüste schlecht.

7. **Die Begriffe transitive und intransitive Verben sind Ihnen sicher schon mal irgendwo begegnet. Nur wo?**

a) Eindeutig klar: Das hat etwas mit »transportieren« zu tun, daher auch die »Transitstrecke« und die »Transsibirische Eisenbahn«.
b) Transitive und intransitive Verben können mir noch gar nicht begegnet sein, weil es sie nämlich gar nicht gibt. Es muss richtig transzendent und intranszendent heißen.
c) Das kommt aus dem Lateinischen, »trans« bedeutet über, über ... hinaus; es geht also um übersinnliche Angelegenheiten.
d) Keine Frage: Es handelt sich dabei um zielende sowie nicht zielende Verben.

8. **Sie sitzen im Restaurant, und das Gericht, das Ihr Tischnachbar gerade mit Wonne verspeist, weckt Ihren Appetit. Sie winken den Ober herbei und sagen: »Ich hätte gerne das Gleiche wie der Herr nebenan.« Daraufhin geht der Ober zum Nachbartisch, nimmt dem Mann den Teller weg und stellt ihn wortlos vor Sie hin. Was ist da schief gelaufen?**

a) Der Ober ist ein ungehobelter Kerl, über den ich mich stante pede beim Restaurantchef beschwere.
b) Ich bin selbst schuld, schließlich hätte ich bei der Restaurantkategorie wissen müssen, dass der Ober eine Grammatikniete ist und »dasselbe« mit »das Gleiche« verwechselt.
c) Der Ober wollte mir damit klar machen, dass ich keine Grammatikmanieren habe und gefälligst »dasselbe« und nicht »das Gleiche« zu ihm hätte sagen müssen.

d) Nichts, ich lasse es mir munden und sage anschließend zum Ober: »Die Rechnung geht dann an den Nebentisch. Danke!«

9. **Zum Jahreswechsel fassen die meisten Menschen gute Vorsätze. Doch meist halten diese nicht sehr lange. Woran mag das liegen? Denken Sie bitte daran, die grammatikalisch richtige Antwort anzukreuzen.**

   a) Da ich derlei grundsätzlich skeptisch gegenüberstehe, ist es mir gleich, ob die Vorsätze lang halten.
   b) Ganz einfach: Daran, dass die Liste der Vorsätze oft zu lange ist und die meisten sich zu viel vornehmen.
   c) In diesem Fall daran, dass »lange« in dem oben genannten Satz falsch ist. Es muss korrekt »lang« heißen.
   d) Daran, dass die meisten Menschen nicht lange genug durchhalten und wieder zu ihren alten Gewohnheiten zurückkehren.

10. **Bescheidenheit ist eine Zier, doch weiter kommt man ohne ihr. Richtig oder falsch?**

   a) Richtig natürlich. Schließlich handelt es sich dabei um ein bekanntes Zitat.
   b) Ich war noch nie bescheiden und solche Weisheiten sind mir grundsätzlich egal.
   c) Der Satz ist falsch, es muss »sie« statt »ihr« heißen.
   d) Der Satz ist eigentlich falsch, doch weil es sich reimen muss, gilt hier eine Ausnahmeregel.

Otto-Normalverbraucher-Test – Jetzt mal Spaß beiseite

So, Sie haben sich also gerade ein bisschen aufgewärmt und sind damit hoffentlich gut gerüstet für die grammatikalischen Grauzonen, die bei dem folgenden Test auf Sie warten. Denn diesmal geben wir schon etwas mehr Butter bei die Fische, sprich, hier kommen Sie uns nicht mehr so leicht davon. Schauen Sie genau hin und kreuzen Sie bei jedem der nun folgenden Sätze an, ob er Ihrer Meinung nach richtig (R) oder falsch (F) ist.

1. Im November diesen Jahres fahren wir nach Gran Canaria in Urlaub. R ☐ F ☐

2. An Ostern nächsten Jahres wollen wir ein Grillfest machen. R ☐ F ☐

3. Gestern bin ich zwei Stunden bei meinem Hautarzt im Wartezimmer gesessen. R ☐ F ☐

4. Sie hing die Wäsche zum Trocknen auf die Leine. R ☐ F ☐

5. Nils und Carla gehen spazieren. R ☐ F ☐

6. Entweder Jörg oder Uli gehen nachher mit dem Hund raus. R ☐ F ☐

7. Meine Schwester und ich haben sich nach sieben Jahren zum ersten Mal wiedergesehen. R ☐ F ☐

8. Sie war ein frühreifes Mädchen mit vorlautem frechem Mundwerk. R ☐ F ☐

9. Nach einem ausgedehnten Spaziergang nahm er eine Tasse Tees zu sich. R ☐ F ☐

10. Ich traute mich nicht allein in das dunkle Haus. R ☐ F ☐

11. Ich traue es mir nicht zu. R ☐ F ☐

12. Zwischen Juni bis August blühen bei uns im Garten immer die Rosen. R ☐ F ☐

13. Das hat mein Vater seit jeher so gehandhabt, also mache ich es auch so. R ☐ F ☐

14. Wegen Urlaubs geschlossen. R ☐ F ☐

15. Claudias wegen haben wir uns diesen Actionfilm angesehen. R ☐ F ☐

16. Ich bin mal wieder die Einzigste, die an den Schlüssel gedacht hat. R ☐ F ☐

17. Trotz kaltem Wind spielten Sie draußen Fußball. R ☐ F ☐

18. Wir empfehlen uns als Ihren Frisör. R ☐ F ☐

19. Jeder, wer will, kann für das Amt des Bürgermeisters kandidieren. R ☐ F ☐

20. Der Besuch eines unserer entfernten Verwandten verlief langweilig. R ☐ F ☐

21. Die Chorsänger wurden in zwei großen Gruppen aufgeteilt. R ☐ F ☐

22. Im Radio kommen jede halbe Stunde die aktuellsten Verkehrsnachrichten. R ☐ F ☐

23. Das brauchst du nicht tun, ich kümmere mich schon darum. R ☐ F ☐

24. Nach dem Konzert sind eine große Anzahl Zuschauer sofort gegangen. R ☐ F ☐

25. Ich leihe nie jemandem Geld, bevor ich mich nicht von seiner Seriosität überzeugt habe. R ☐ F ☐

Profi-Test – Da hört der Spaß auf

Hoffentlich haben Sie sich warm angezogen, bevor Sie weiterlesen, diese Übung ist nämlich garantiert nichts für Grammatik-Weicheier. Denn hier warten die wirklich kniffligen Fragen auf Sie. Wenn Sie schon bei den vorangegangenen Prüfungen Schwierigkeiten hatten, sollten Sie bei diesem Härtetest gar nicht erst antreten.
Für den Besserwisser aus dem Büro nebenan ist diese Übung jedoch genau richtig. Damit treiben Sie ihm garantiert den Schweiß auf die Denkerstirn.
Viel Spaß!

1. **Auf einem Zettel stehen untereinander die Wörter Obst und Gemüse. Worum handelt es sich?**

   a) Um Homonyme.
   b) Um Hyperonyme.
   c) Um Hyponyme.
   d) Um Akronyme.
   e) Um den Einkaufszettel für den Wochenmarkt.

2. **Was ist »umsonst«?**

   a) Ein Modaladverb.
   b) Ein Modalverb.
   c) Nichts. Bekanntlich kostet ja sogar der Tod das Leben.
   d) Ein Modalpartikel.
   e) Ein Modalitätsverb.

3. **Weil meine Schwester beim Einparken nicht aufgepasst hat, hat sie das Auto ihres Nachbarn angefahren. Worum handelt es sich bei dem unterstrichenen Part?**

   a) Um einen Finalsatz.
   b) Um einen Modalsatz.
   c) Um einen Kausalsatz.
   d) Um einen typischen Fall von Frau am Steuer.
   e) Um einen Konzessivsatz.

4. **Wie viele der folgenden Adjektive stehen im Positiv? Schlechter – miesest – gemeiner – hässlicher.**

   a) Was soll bei diesen negativen Wörtern positiv sein?
   b) Alle vier.
   c) Drei von vier.
   d) Zwei von vier.
   e) Eins von vier.

5. **Weinend vor Freude nahm sie ihren verloren geglaubten Bleistift von dem ehrlichen Finder entgegen. Was ist das?**

   a) Ein Partizip Perfekt.
   b) Ein Partizip Plusquamperfekt.
   c) Ein Partizip Imperfekt.
   d) Eine emotionale Überreaktion.
   e) Ein Partizip Präsens.

6. **Herrje, was bist du denn so ängstlich? Worum handelt es sich bei dem ersten Wort des Satzes?**

   a) Um ein eindeutiges Zeichen von Ungeduld.
   b) Um eine koordinierende Konjunktion.
   c) Um eine Interjektion.
   d) Um ein Indefinitpronomen.
   e) Um eine subordinierende Konjunktion.

7. **Schlaf, Kindchen schlief. Was ist da passiert?**

   a) So etwas nennt man Apophonie.
   b) Eine morphologische Veränderung durch Ablaut.
   c) Eine morphologische Veränderung durch Alliteration.
   d) Eine morphologische Veränderung durch Umlaut.
   e) Da ist jemand nicht textsicher.

8. **Was verbirgt sich hinter dem Ausdruck »ein weißer Schimmel«?**

   a) Ein Pleonasmus.
   b) Ein Pferd.
   c) Ein Polysyndeton.
   d) Ein Neoplasmus.
   e) Ein Oxymoron.

9. **Was verbirgt sich am Ende des folgenden Satzes? In den letzten Jahren hat es schwer gelitten, das Ansehen der Universität Berlin.**

   a) Ein Genitivobjekt.
   b) Ein Genitivus partitivus.
   c) Ein Genitivsubjekt.
   d) Ein Beweis für die Bildungsmisere in Deutschland.
   e) Ein Genitivattribut.

10. **Welche Aussage trifft auf die drei folgenden Wörter zu? Zwischenrufer – Zechpreller – Taschendieb.**

   a) Es handelt sich um unverschämte Personen.
   b) Es handelt sich um Dekomposita.
   c) Es handelt sich um Synonyme.
   d) Es handelt sich um Oxymora.
   e) Es handelt sich um Komposita.

Stolperfallen von A bis Z

So, nachdem Sie sich hoffentlich erfolgreich durch die diversen Grammatiktests gearbeitet haben, wartet nun der Lexikonteil dieses Buches mit einer bunten Fülle an sprachlichen Ungereimtheiten auf Sie.

Rechtschreib- und Kommaregeln finden in diesem Werk übrigens nur am Rande Beachtung, schließlich handelt es sich hier nicht um einen Survival Guide für Legastheniker. Es geht vielmehr um die dööfsten Deutschfehler und wie man sie möglichst klug umgehen kann.

Die zahlreichen Beispiele aus der Alltagssprache und die ungewöhnlichen Eselsbrücken mögen Ihnen trotz des trockenen Themas Spaß an der Lektüre garantieren. Sollten Sie trotzdem an der einen oder anderen grammatikalischen Hürde scheitern, so bedenken Sie bitte, dass es in Ihrem eigenen Interesse ist, diverse Regeln als gegeben hinzunehmen und nicht zu hinterfragen. Erstens sprengt das den Rahmen jedes sinnvollen Zeitvertreibs mit dem Thema Grammatik, zweitens gibt es sicher genügend andere Gesetzmäßigkeiten, die Sie nicht en detail erklären, dafür aber problemlos anwenden können, und drittens gilt im Zweifelsfall immer noch Folgendes:

A) Frauen haben immer Recht.

B) Sollte dies wider Erwarten einmal nicht zutreffen, tritt automatisch Punkt A) in Kraft.

Nun müssen Sie nur noch »Frauen haben« durch »Grammatik hat« ersetzen, und schon dürfte auch dem Letzten unter Ihnen klar sein, wie die Chose funktioniert. Falls nicht, machen Sie sich nichts daraus, weibliche Logik lässt sich schließlich auch nicht erklären.

abber Arm

Sollten Sie im Laufe Ihres Lebens jemals einen **abben Arm** zu beklagen haben – wozu es hoffentlich niemals kommen wird –, haben Sie offenbar mehr als ein körperliches Problem. Denn es steht außer Zweifel, dass Sie nicht nur dringend eine Armprothese brauchen, sondern am besten auch gleich noch den Grammatik-Notarzt rufen sollten.

Der wird Sie hoffentlich mit offenen Armen empfangen und Sie anschließend in die Notaufnahme des Klinikums für sprachamputierte Adverbien bringen. Keine Angst, Sie sind dort bestens aufgehoben und garantiert in guter Gesellschaft. Neben abben Armen und Beinen tummeln sich in der anerkannten Spezialklinik jede Menge weitere linguistisch schwer Verletzte: zue Fenster, sehre Gespanntheit, hoffentliche Verbesserungen, vorgesterne Treffen, neuliche Briefe, aufe Schranktüren, balde Rückrufe, sogleiche Besuche, ofte Wiederholungen und andere Patienten mit tragischem Schicksal.

Falls Sie für derlei Unfälle nicht vorgesorgt und keine entsprechende Zusatzversicherung bei Ihrer Krankenkasse abgeschlossen haben, sollten Sie die folgende Regel dringend in Ihre sprachliche Hausapotheke aufnehmen:

- **Stellen Sie niemals Adverbien als Beifügung (Attribut) einem Substantiv voran!**

Damit dürften Sie nun hinreichend gegen **abbe Arme**, Beine und sonstige sprachliche Verstümmelungen von Adverbien aller Art gefeit sein. Wir verzichten an dieser Stelle auf Beispielsätze und wünschen Ihnen stattdessen ein langes Leben bei guter – grammatikalischer wie körperlicher – Gesundheit und überhaupt: Hals- und Beinbruch!

Adjektivdeklination → kühles bayerisches Bier

Adverbien → abber Arm

als/wie

Wer **als** sagt, darf nicht zwangsläufig auch **wie** sagen, vor allem dann nicht, wenn es um sprachliche Korrektheit geht und der gemachte Vergleich nicht hinken soll. Die Regeln hierzu sind übrigens alles andere als schwer, sie sind nämlich klar wie – und nicht als – Kloßbrühe.

Wollen Sie eine Ungleichheit ausdrücken oder die Tatsache, dass zwei Dinge verschieden sind, benutzen Sie den Partikel **als**. Er steht grundsätzlich nach anders, keiner, niemand, nichts und umgekehrt. Wenn Sie dagegen die Gleichheit von zwei Dingen, Lebewesen oder Zuständen betonen möchten, so heißt es richtig **wie**, vor allem in der Kombination mit **so**. Die unzulässige Verbindung **als wie** streichen Sie dagegen am besten gleich ganz aus Ihrem Gedächtnis.

Beim Komparativ steht demnach immer **als**, beim Positiv **wie**, zumindest so gut wie immer. Ausnahmen bestätigen wie so oft die Regel, und zwar bei: sowohl als/wie auch, so wenig als/wie möglich, doppelt so hoch als/wie, so bald als/wie möglich. In jenen Fällen sind nämlich beide Partikel zulässig.

Weitere Stolperfallen mit **als** lassen Sie sich am besten von der **→ kompetenten Optikerin** Ihres Vertrauens oder **→ Christina als Verantwortlicher** erklären.

Falsch	Richtig
Julia nimmt am liebsten einen Krimi mit in die Badewanne. Sie findet nichts **so** schön **als** im warmen Wasser zu liegen und ein gutes Buch zu lesen.	Julia nimmt am liebsten einen Krimi mit in die Badewanne. Sie findet nichts **so** schön **wie** im warmen Wasser zu liegen und ein gutes Buch zu lesen.

Falsch	Richtig
Wie ich mich arglos aus dem Fenster lehnte, fiel mir ein Tannenzapfen auf den Kopf.	**Als** ich mich arglos aus dem Fenster lehnte, fiel mir ein Tannenzapfen auf den Kopf.
Lieber ließe sich der treue Knappe foltern, **wie** den Aufenthaltsort seines Königs zu verraten.	Lieber ließe sich der treue Knappe foltern, **als** den Aufenthaltsort seines Königs zu verraten.
Zweifelsohne ist sein Zustand heute schlimmer **wie** gestern.	Zweifelsohne ist sein Zustand heute schlimmer **als** gestern.
Im Mathematikunterricht wissen die anderen immer alles besser **wie** ich, aber beim Fußballspielen bin ich unschlagbar.	Im Mathematikunterricht wissen die anderen immer alles besser **als** ich, aber beim Fußballspielen bin ich unschlagbar.
Ohne die plastische Chirurgie wäre so manche Mutter wohl kaum hübscher **wie** ihre Tochter.	Ohne die plastische Chirurgie wäre so manche Mutter wohl kaum hübscher **als** ihre Tochter.
Dieser neue Computer ist sein Geld einfach nicht wert, ich habe nichts **wie** Probleme mit ihm.	Dieser neue Computer ist sein Geld einfach nicht wert, ich habe nichts **als** Probleme mit ihm.
Dieses Kind hat nichts **wie** Unsinn im Kopf.	Dieses Kind hat nichts **als** Unsinn im Kopf.
Nichts ist **so** bestechend **als** die Wahrheit.	Nichts ist **so** bestechend **wie** die Wahrheit.
Nichts stärkt die Abwehrkräfte **so** gut **als wie** eine eiskalte Dusche jeden Morgen.	Nichts stärkt die Abwehrkräfte **so** gut **wie** eine eiskalte Dusche jeden Morgen.

anscheinend/scheinbar

- **Wenn hier scheinbar kein Fehler vorliegt, ist anscheinend etwas schief gelaufen.**

Der Unterschied zwischen **scheinbar** und **anscheinend** scheint eine schwierige Sache zu sein. Zwar klingen die beiden Wörter irgendwie zum Verwechseln ähnlich, doch lassen sie sich keinesfalls nach Belieben vertauschen. Oh nein, der Unterschied ist klein, aber fein. Denn nicht alles, was **scheinbar** richtig ist, ist auch **anscheinend** okay und umgekehrt. Es kommt schon genau darauf an, was Sie im Einzelfall ausdrücken wollen, und zwar unabhängig davon, ob Sie irgendeinen Schein wahren möchten oder nicht.
Vielleicht fragen Sie sich jetzt, wieso es hier nicht auch so eine wunderbare Regel geben kann wie »Gar nicht wird gar nicht zusammengeschrieben« – unkompliziert, logisch und eingängig dazu. Tja, so leicht kommen Sie der deutschen Grammatik bei **anscheinend** und **scheinbar** eben nicht davon. Immerhin ist sie dafür berüchtigt, schwierig zu sein, und will ihrem Namen anscheinend alle Ehre machen.
Allerdings dürfen Sie an dieser Stelle nicht verzagen, frei nach dem Motto »Erstens kommt es anders und zweitens als es scheint« sind vielmehr Eigeninitiative und Kreativität gefragt. Wo es auf den ersten Blick keine Lösung gibt, wird eben eine gesucht. Und gefunden: Die magische Formel für den richtigen Gebrauch von **scheinbar** und **anscheinend** lautet:

- **<u>schein</u>bar = nur dem äußeren <u>Schein</u> nach = in Wirklichkeit anders**
- **<u>anschein</u>end = offenbar = vermutlich = allem <u>Anschein</u> nach so, wie es wirkt**

Derart auf den Punkt gebracht, ist der Sachverhalt auf einmal gar nicht mehr so schwer und einleuchtend dazu. Na also, geht doch!

Falsch	Richtig
Er ist nicht zu unserem letzten Treffen gekommen. **Scheinbar** hat er keine Lust gehabt.	Er ist nicht zu unserem letzten Treffen gekommen. **Anscheinend** hat er keine Lust gehabt.
Der Vortrag des Biologieprofessors war unglaublich langweilig. Die Zeit wollte **anscheinend** nicht vergehen.	Der Vortrag des Biologieprofessors war unglaublich langweilig. Die Zeit wollte **scheinbar** nicht vergehen.
Sieh mal, bei Winters brennt noch Licht. **Scheinbar** haben sie vergessen, es auszuschalten, bevor sie in Urlaub gefahren sind.	Sieh mal, bei Winters brennt noch Licht. **Anscheinend** haben sie vergessen, es auszuschalten, bevor sie in Urlaub gefahren sind.
Das Auto ist **anscheinend** grün, dabei liegt es nur am Licht. Es ist nämlich blau.	Das Auto ist **scheinbar** grün, dabei liegt es nur am Licht. Es ist nämlich blau.
Sie will über das Ende ihrer Beziehung nicht reden. **Scheinbar** hatten die beiden eine furchtbare Auseinandersetzung zum Schluss.	Sie will über das Ende ihrer Beziehung nicht reden. **Anscheinend** hatten die beiden eine furchtbare Auseinandersetzung zum Schluss.
Die Linie ist nur **anscheinend** gerade. Wenn man genauer hinsieht, merkt man, dass sie leicht schief ist.	Die Linie ist nur **scheinbar** gerade. Wenn man genauer hinsieht, merkt man, dass sie leicht schief ist.
Vater hat **scheinbar** nicht zugehört, was Mutter gesagt hat, sonst hätte er eine Blautanne und keine Fichte als Weihnachtsbaum gekauft.	Vater hat **anscheinend** nicht zugehört, was Mutter gesagt hat, sonst hätte er eine Blautanne und keine Fichte als Weihnachtsbaum gekauft.

Antibiotikum

Liebe Patientin, lieber Patient,
bitte lesen Sie den folgenden Beipackzettel sorgfältig durch, weil er wichtige Informationen über den Gebrauch des korrekten Plurals des Wortes **Antibiotikum** enthält.

ZUSAMMENSETZUNG

Laut Kluges *Etymologischem Wörterbuch der deutschen Sprache* ist **Antibiotikum** ein medizinischer Fachbegriff, »entlehnt aus frz. *antibiotique*, dieses aus neuengl. *antibiotic*, einer Neubildung zu griech. *biotikós* (lebensfähig, zum Leben gehörig) und *anti-* (gegen). So benannt als ›ein lebende Erreger abtötendes Mittel‹.«

ANWENDUNGSGEBIETE

Bakterielle Infektionen des grammatischen Systems, darunter auch falsche Pluralbildung von Fremdwörtern auf **-um**.

GEGENANZEIGEN

Das Wort **Antibiotika** darf keinesfalls angewendet werden, wenn lediglich eine Tablette oder ein Medikament bezeichnet werden soll, da es sich dabei um den Plural handelt; der einzige von der Grammatikaufsichtsbehörde GAB zur Anwendung zugelassene Singular lautet **Antibiotikum**. Die Pluralformen **Antibiotikums** sowie **Antibiotikas** sind ebenfalls unzulässig.

NEBENWIRKUNGEN

Bei falscher Anwendung kann es zu grammatikalischen Ausfallerscheinungen sowie Missverständnissen in der Kommunikation mit Mitpatienten kommen.

WECHSELWIRKUNGEN

Die Kombination mit anderen Grammatikfehlern, etwa falsche Konjunktivanwendung oder die Nichtbeachtung der Regeln zum korrekten Gebrauch von Apostrophen, kann zu schwer wiegenden sprachlichen Schäden führen und sollte daher dringend vermieden werden. Die Einnahme von Alkohol kann sich ebenfalls negativ auf die richtige Anwendung der Pluralformen des Wortes auswirken.

DOSIERUNG UND ART DER ANWENDUNG

Halten Sie sich bitte strikt an die Anordnungen Ihres Grammatikarztes. Wenn Sie Nebenwirkungen bei sich beobachten, die nicht in dieser Packungsbeilage aufgeführt sind, so teilen Sie diese unverzüglich dem behandelnden Mediziner mit.

Wir wünschen Ihnen gute Besserung!

Falsch	Richtig
Karla trank am Silvesterabend keinen Alkohol, da sie **ein Antibiotika** nehmen musste.	Karla trank am Silvesterabend keinen Alkohol, da sie **ein Antibiotikum** nehmen musste.
Der Arzt verschrieb dem kleinen Mädchen **Antibiotikas** gegen den entzündeten Katzenbiss.	Der Arzt verschrieb dem kleinen Mädchen **Antibiotika** gegen den entzündeten Katzenbiss.
Das ist jetzt schon das dritte Mal in diesem Jahr, dass ich **Antibiotikums** nehmen muss. Das kann so nicht weitergehen.	Das ist jetzt schon das dritte Mal in diesem Jahr, dass ich **Antibiotika** nehmen muss. Das kann so nicht weitergehen.

Apostroph → Moni's Blumenladen

Apposition → Christina als Verantwortliche

Attribut → kompetente Optikerin

August der Starke

Namen sind Schall und Rauch, wie seit Goethes *Faust* allgemein bekannt ist. Dennoch sollten Sie vor allem bei der Beugung von Personennamen ein paar Regeln beherzigen, damit Ihr guter

Name auch in Zukunft für sprachlich korrekte Qualität bürgt. Natürlich können Sie auch so tun, als wüssten Sie von nichts, und behaupten, Ihr Name sei Hase. Zwar ist die Sachlage nicht ganz unkompliziert, doch zu derartigen Maßnahmen sollten Sie nur im Notfall greifen. Bevor Sie sich also einen Namen als Falschdeklinierer machen, den Sie unter Umständen ein Leben lang nicht mehr loswerden, lesen Sie erst mal weiter.
Nennen wir die Fakten doch kurz und knapp beim Namen:

- Steht ein Substantiv ohne Artikel vor einem Namen, so wird nur der Name gebeugt, das Gleiche gilt für zwei oder mehrere Substantive ohne Artikel.
- Sind von einer Person mehrere Vornamen oder Vor- und Nachname genannt, so wird jeweils nur der letzte Name gebeugt.
- Steht ein Name in Verbindung mit einem Zusatz, so werden beide gebeugt.
- **Doktor** wird grundsätzlich nicht gebeugt, da es gemeinsam mit dem folgenden Namen eine Einheit bildet.
- Dafür wird **Herr** immer gebeugt. Folgt auf **Herr** ein substantiviertes Partizip oder ein Titel, so werden diese ebenfalls immer gebeugt.
- Stehen vor einem Namen ein Artikel oder Pronomen sowie ein Adjektiv und ein Substantiv, so bleibt der Name ungebeugt, das Substantiv dagegen wird dekliniert. Bei mehreren Substantiven wird meist nur das erste (das einen Rang, Titel etc. bezeichnet) gebeugt, die weiteren werden dagegen nicht gebeugt.

Zugegeben, das klingt nicht gerade eingängig, doch die folgenden Beispiele bringen schon ein wenig Licht ins Dunkel. Und zur Not müssen Sie eben regelmäßig üben, am besten morgens vor dem Spiegel beim Rasieren oder Schminken. Da können Sie sich nach Lust und Laune mit fremden Federn oder besser Titeln schmücken und sie einmal durchdeklinieren. Danach sind Sie garantiert hellwach.

Falsch	Richtig
Die Gemächer **Ludwig des Sonnenkönigs** waren so prunkvoll, sie galten als die schönsten im ganzen Land.	Die Gemächer **Ludwigs des Sonnenkönigs** waren so prunkvoll, sie galten als die schönsten im ganzen Land.
Annas Lenas Notenblätter für das Klavierkonzert waren spurlos verschwunden.	**Anna Lenas** Notenblätter für das Klavierkonzert waren spurlos verschwunden.
Tantes Elisabeths beste Freundin hat sich die Hand gebrochen.	**Tante Elisabeths** beste Freundin hat sich die Hand gebrochen.
Der Brief an **Herr Professor** Schmidhuber war kein Einschreiben, daher lässt sich nicht nachvollziehen, ob er ihn bekommen hat.	Der Brief an **Herrn Professor** Schmidhuber war kein Einschreiben, daher lässt sich nicht nachvollziehen, ob er ihn bekommen hat.
Selbstverständlich werde ich den Anweisungen **unseres Doktors Melzer** Folge leisten und die Tabletten regelmäßig nehmen.	Selbstverständlich werde ich den Anweisungen **unseres Doktor Melzer** Folge leisten und die Tabletten regelmäßig nehmen.
Das Plädoyer **des Herrn Staatsanwalt Elbers** war überzeugend.	Das Plädoyer **des Herrn Staatsanwalts Elbers** war überzeugend.
Der Antrittsbesuch **des neuen Pfarrers, Herr Stefan Jung**, dauerte nicht sonderlich lange.	Der Antrittsbesuch **des neuen Pfarrers, Herrn Stefan Jung**, dauerte nicht sonderlich lange.
Kaisers Augusts neue Kleider waren schön.	**Kaiser Augusts** neue Kleider waren schön.
Des **Kaisers Augusts** neue Kleider waren schön.	Des **Kaisers August** neue Kleider waren schön.

bar
Wird das Adjektiv **bar** im Sinne von »nackt«, »bloß« oder im übertragenen Sinne »frei von« benutzt, so muss das darauf folgende Wort im Genitiv stehen und demnach gebeugt werden. Es heißt also richtig »Das ist **bar jeder** Vernunft« und nicht »Das ist **bar jede** Vernunft«. Üben können Sie die korrekte Verwendung des Pronomens am besten abends in jeder x-beliebigen Hotelbar oder am Tresen Ihres Stammlokals. Dort sagen Sie zu dem Barkeeper doch auch: »Ich hätte gerne **einen** Whiskey« und nicht: »Für mich **ein** Whiskey bitte.«
Das ist jetzt zwar kein Genitiv, sondern ein Akkusativ und ein Adjektiv ist am Tresen auch weit und breit nicht zu sehen, aber wir werden hier ja wohl noch Äpfel mit Birnen vergleichen dürfen, wenn es der Merkfähigkeit dient. Das Wort vor Whiskey wird bei Bestellungen an der **Bar** jedenfalls (genau wie das Wort nach **bar**, und zwar egal wo) gebeugt – und allein darauf kommt's hier an. In diesem Sinne: zum Wohl!

-bar/-fähig ➜ tragbar/tragfähig

-bar/-lich ➜ lösbar/löslich

behängen
Wenn Sie Ihren Christbaum am vergangenen Weihnachtsfest mit goldenen Kugeln **behangen** (und nicht, wie es korrekt heißt, **behängt**) haben, kann schon mal der grammatikalische Haussegen schief hängen.
Damit Sie die Feiertage nicht in schlechter Stimmung und mit Hängen und Würgen hinter sich bringen müssen, sollten Sie sich um des lieben Familienfriedens willen vor dem Baumschmücken zweierlei ins Gedächtnis rufen:

- **Behängt** ist das 2. Partizip von **behängen** und drückt eine aktive Handlung aus.
- Das 2. Partizip **behangen** dagegen wird adjektivisch gebraucht und drückt aus, dass ein Gegenstand oder eine Person mit etwas Hängendem versehen wurde, es drückt keine aktive Handlung aus.

Sollte von dem, was hier steht, erst einmal nicht viel bei Ihnen hängen bleiben, so gehen Sie bitte nicht über Los, ziehen Sie keine 2000 Euro ein und lesen Sie direkt unter → **hängen** weiter. Dort ist das Thema »transitive und intransitive Verben« ausführlich erläutert.

Falsch	Richtig
Jasmin hatte sich für die Mottoparty ein witziges Outfit ausgedacht und sich über und über mit Ketten **behangen**.	Jasmin hatte sich für die Mottoparty ein witziges Outfit ausgedacht und sich über und über mit Ketten **behängt**.
Der Obstbaum in Toms Garten war letzten Sommer über und über mit Äpfeln **behängt**, doch diesmal trug er kaum Früchte.	Der Obstbaum in Toms Garten war letzten Sommer über und über mit Äpfeln **behangen**, doch diesmal trug er kaum Früchte.
Der Tannenbaum meiner Eltern war dieses Jahr mit silbernem Lametta **behangen**.	Der Tannenbaum meiner Eltern war dieses Jahr mit silbernem Lametta **behängt**.

bevor

Bevor Sie an dieser im Grunde harmlosen Konjunktion und ihrem Zusammenspiel mit dem Wörtchen **nicht** verzweifeln, sollten Sie eine Flasche ihres bevorzugten Weines aus dem Keller holen und einen letzten Versuch starten, des Rätsels Lösung auf den Grund

zu gehen. Es müsste schon mit dem Leibhaftigen zugehen, wenn Sie das Prinzip im Umgang mit den beiden nicht verstanden hätten, bevor Sie die Weinflasche geleert haben.
Wichtig ist vor allem Folgendes im Umgang mit **bevor nicht**: Alles hängt davon ab, ob der von der Konjunktion **bevor** eingeleitete Nebensatz am Anfang steht oder auf einen bereits verneinten Hauptsatz folgt. In letzterem Fall sollten Sie sich an die goldene Regel halten: Zweimal verneint ist einmal zu viel. Geht dagegen der Nebensatz dem Hauptsatz voran und enthält er zudem eine Bedingung, dann gilt das Prinzip: Einmal verneint ist keinmal. Doppelt verneint hält besser. Das heißt im Klartext:

- **Hauptsatz (verneint), Nebensatz = 1 x nein.**
- **Nebensatz (Bedingung), Hauptsatz = 2 x nein.**

Merken könnten Sie sich das Ganze in etwa so: In der erstgenannten Variante sind die Sätze in alphabetisch richtiger Reihenfolge (**H**auptsatz vor **N**ebensatz), es ist also alles in bester Ordnung, daher reicht die einfache Verneinung. Bei der zweiten Variante ist das Alphabet umgekehrt (**N**ebensatz vor **H**auptsatz), also muss zweimal verneint werden. Klingt zu konstruiert? Na, dann lassen Sie sich doch etwas Besseres einfallen.

Falsch	Richtig
Bevor du deine Hausaufgaben gemacht hast, darfst du nicht nach draußen zum Spielen gehen.	**Bevor** du deine Hausaufgaben **nicht** gemacht hast, darfst du nicht nach draußen zum Spielen gehen.
Gisela unterschreibt den Mietvertrag für die neue Wohnung nicht, **bevor** sie **nicht** mit ihrem Chef wegen der Gehaltserhöhung gesprochen hat.	Gisela unterschreibt den Mietvertrag für die neue Wohnung nicht, **bevor** sie mit ihrem Chef wegen der Gehaltserhöhung gesprochen hat.

Falsch	Richtig
Bevor er die südamerikanische Riesenschildkröte mit eigenen Augen gesehen hat, glaubt er nicht an ihre Existenz.	**Bevor** er die südamerikanische Riesenschildkröte **nicht** mit eigenen Augen gesehen hat, glaubt er nicht an ihre Existenz.
Der kleine Timo schläft nicht ein, **bevor** seine Mutter ihm **nicht** ein Schlaflied vorgesungen hat.	Der kleine Timo schläft nicht ein, **bevor** seine Mutter ihm ein Schlaflied vorgesungen hat.

bis

Die korrekte Verwendung der Präposition **bis** bereitet bisweilen Schwierigkeiten. Abgesehen davon, dass sie immer mit Akkusativ steht, sollten Sie bis in alle Ewigkeit vor allem eines verinnerlichen: Es ist strengstens untersagt, **bis** mit **zwischen** zu kombinieren. Zuwiderhandlungen werden grammatikrechtlich verfolgt und mit dem Konjugieren unregelmäßiger Verben von bis zu zehn Einheiten nicht unter fünf Wörtern bestraft.

Wenn Sie also einen Zeitraum, eine Distanz oder einen Abstand beschreiben wollen, so sollten Sie besser die Kombination mit **von** wählen. Oder Sie haben die Advocard und suchen sich einen guten Anwalt.

Doch so weit muss es gar nicht kommen: Merken Sie sich einfach, dass **zwischen** plus **bis** ein unschönes Zwischending ist, und schon wird Ihnen die richtige Entscheidung leichter fallen.

Falsch	Richtig
Die Teilnehmer des Nachwuchssängerwettbewerbs sind **zwischen** 16 **bis** 25 Jahre alt.	Die Teilnehmer des Nachwuchssängerwettbewerbs sind 16 **bis** 25 Jahre alt.

Falsch	Richtig
Zwischen München **bis** Ingolstadt war die Autobahn wegen Überflutungen gesperrt.	**Von** München **bis** Ingolstadt war die Autobahn wegen Überflutungen gesperrt.
Gemeinden **zwischen** 1000 **bis** 5000 Einwohner sind von der Steuer befreit.	Gemeinden **von** 1000 **bis** 5000 Einwohner sind von der Steuer befreit.

brauchen

- **Wer brauchen ohne zu gebraucht, braucht brauchen gar nicht zu gebrauchen.**

Das klingt zwar auf den ersten Blick trotz der Ähnlichkeit zu Zungenbrechern wie »Fischers Fritz fängt frische Fische« wie ein gelungener Merksatz, doch Vorsicht! Leider haben Sie nicht immer einen Fisch am Haken (sprich: sich korrekt ausgedrückt), wenn Sie sich bei jeder Verwendung des Verbs **brauchen** an diese Regel halten.

Sie gilt nämlich nicht grundsätzlich und in jedem Fall, da sie den ebenfalls gebräuchlichen Gebrauch von **brauchen** im Sinne von »nötig haben« oder »benötigen«, bei dem gewiss kein **zu** gebraucht wird, nicht einschließt.

Nehmen wir einmal an, Sie haben sich endgültig dazu durchgerungen, Ihren Geliebten zu verlassen und zu Mann und Kindern zurückzukehren. Daraufhin fällt er vor Ihnen auf die Knie und fleht mit weinerlicher Stimme: »Bitte geh nicht. Ich brauche dich doch.« Wo bitte schön soll da noch ein **zu** hin? Sie können sich ja den Spaß machen und ihm sagen, dass Sie es gerne noch einmal mit ihm versuchen wollen, wenn er das Wörtchen – ohne weitere Zusätze – korrekt in dem Satz unterbringt. Nur keine Sorge, die geplante Familienzusammenführung ist keinesfalls in Gefahr, es wird ihm nicht gelingen.

Völlig anders verhält es sich jedoch, wenn **brauchen** mit Infinitiv im Sinne von »müssen« verwendet wird, dann **braucht** es nämlich das **zu**. Nur für den Fall, dass sich auch hinsichtlich Ihrer Gefühle für Ihren Geliebten die Sachlage schlagartig ändern sollte, können Sie also jederzeit zu ihm sagen: »Okay, mein Lieber, war nur ein Scherz. Du **brauchst** nicht vor mir auf die Knie **zu** fallen, ich bleibe.« Aus grammatikalischer Sicht wäre die ganze Aktion damit völlig korrekt, über die moralischen Aspekte ließe sich dagegen durchaus streiten. Aber das müssen Sie schon selbst wissen.

Falsch	Richtig
Lass mal gut sein, das **brauchst** du nicht tun.	Lass mal gut sein, das **brauchst** du nicht **zu** tun.
Du **brauchst** doch nicht gleich schreien. Ich bringe den Müll heute schon noch runter.	Du **brauchst** doch nicht gleich **zu** schreien. Ich bringe den Müll heute schon noch runter.
Danke, aber ihr **braucht** mich nicht vom Flughafen abholen. Ich kann auch den Shuttle-Bus nehmen.	Danke, aber ihr **braucht** mich nicht vom Flughafen ab**zu**holen. Ich kann auch den Shuttle-Bus nehmen.
Er **braucht** seinen Eltern das Geld ja nicht auf einmal zurückzahlen, aber jeden Monat 50 Euro wäre das Mindeste.	Er **braucht** seinen Eltern das Geld ja nicht auf einmal zurück**zu**zahlen, aber jeden Monat 50 Euro wäre das Mindeste.
Eugen und Sylvia **brauchten** dieses Jahr keinen Tannenbaum kaufen, sie bekamen ihn vom Förster geschenkt.	Eugen und Sylvia **brauchten** dieses Jahr keinen Tannenbaum **zu** kaufen, sie bekamen ihn vom Förster geschenkt.

Christina als Verantwortliche

Wer für die Regeln hinsichtlich der Verwendung von Appositionen (auch: substantivischen Attributen), die mit »wie« oder »als« angeschlossen werden, verantwortlich ist, gehört dringend mal zur Verantwortung gezogen und bei nächster Gelegenheit vor den Bundesgrammatikgerichtshof in Karlsruhe gestellt. Die gute Christina brauchen Sie allerdings nicht zu verdächtigen, die dient hier nämlich nur als Platzhalterin und kann beim besten Willen nichts dafür.

Sofern Sie bei den vertrackten Regeln samt ihrer Besonderheiten, die nun gleich folgen werden, spätestens bei Punkt drei den Überblick verlieren, setzen Sie sich leicht dem Spott diverser Grammatikstreber und Besserwisser aus. Versuchen Sie bitte dennoch, die Verantwortung für sämtliche grammatikalischen Fettnäpfchen, in die Sie bei Appositionen mit »wie« oder »als« so tappen könnten, und die dadurch entstehenden Folgeschäden nicht von vornherein abzulehnen. Stellen Sie sich vielmehr mutig den Dingen, die da kommen mögen, und lesen Sie weiter. Wie dem auch sei – warm anziehen sollten Sie sich auf alle Fälle, denn jetzt wird es kompliziert:

- Wird eine Apposition mit »wie« oder »als« angeschlossen und steht das Bezugswort im Genitiv, so steht der Beisatz im Nominativ, wenn es sich dabei um einen Eigennamen oder ein Personalpronomen handelt.
- Wird eine Apposition mit »als« an einen attributiven Genitiv angeschlossen, so steht diese ebenfalls im Genitiv, wenn sie einen Artikel hat.
- Wird eine Apposition mit »als« an einen attributiven Genitiv angeschlossen und hat keinen Artikel bei sich, so steht diese im Nominativ.
- Wird eine Apposition mit »als« nicht an einen attributiven Genitiv, sondern an ein Präpositionalgefüge mit »von« angeschlossen, egal ob mit oder ohne Artikel, so steht sie im Dativ.

- Wird eine Apposition mit »als« an ein Substantiv oder Pronomen in einem beliebigen Kasus angeschlossen, egal ob mit oder ohne Artikel, so steht sie im selben Kasus wie ihr Bezugswort.

Bitte betreiben Sie angesichts dieser wahrlich vertrackten Angelegenheit keinesfalls vorauseilende Kapitulation, sondern holen Sie den letzten Funken Ehrgeiz aus der Schreibtischschublade und gehen Sie die Appositionen an. Qualität kommt nun mal leider von Qual- deshalb müssen Sie da jetzt schlicht und ergreifend durch.

Falsch	Richtig
Für Karl-Joseph als **der älteste Schauspieler** der Truppe bedeutete die Tournee eine große Anstrengung. Er sollte daher suspendiert werden.	Für Karl-Joseph als **den ältesten Schauspieler** der Truppe bedeutete die Tournee eine große Anstrengung. Er sollte daher suspendiert werden.
Die Suspendierung Karl-Josephs **als der älteste Schauspieler** der Truppe kam nicht in Frage.	Die Suspendierung Karl-Josephs **als des ältesten Schauspielers** der Truppe kam nicht in Frage.
Die Suspendierung Karl-Josephs **als ältesten Schauspieler** der Truppe kam nicht in Frage.	Die Suspendierung Karl-Josephs **als ältester Schauspieler** der Truppe kam nicht in Frage.
Die Suspendierung von Karl-Joseph **als ältester Schauspieler** der Truppe kam nicht in Frage.	Die Suspendierung von Karl-Joseph **als ältestem Schauspieler** der Truppe kam nicht in Frage.
Die Verdienste eines Schauspielers **wie Karl-Josephs** sind groß.	Die Verdienste eines Schauspielers **wie Karl-Joseph** sind groß.

creme

Haben Sie schon einmal über eine Farb- und Stilberatung nachgedacht? Nein? Dann sollten Sie nicht länger zögern.
Im Rahmen unserer einzigartigen Jubiläumsaktion erwartet Sie bei uns exklusiv und nur für begrenzte Zeit eine riesige Auswahl an Farbadjektiven, die fast ausschließlich aus anderen Sprachen stammen und von Substantiven abgeleitet sind, sowie an zusammengesetzten Farbbezeichnungen zum Vorzugspreis. Das Besondere an ihnen ist, dass sie nur selten attributiv gebraucht werden und weder gesteigert noch dekliniert werden dürfen. Allerdings gibt es da ein paar Hilfsformulierungen, wie etwa die Ergänzung mit **-farben** oder **-farbig**, um die ungebeugte Form zu umgehen, die Sie exklusiv bei uns beziehen können.
Testen Sie jetzt unser sensationelles Angebot und fordern Sie noch heute Ihre für Sie reservierten Farbadjektive mit Echtheitszertifikat und persönlicher Besitzurkunde unter der Kennnummer FA-SSP01 an. Sie erhalten das Startset mit drei richtig deklinierten, nicht steigerbaren Farbadjektiven kostenlos und unverbindlich für 14 Tage zur Ansicht, mit garantiertem Rückgaberecht. Außerdem senden wir Ihnen mit Ihrem Startset per E-Mail als Gratis-Zusatzservice Ihr persönliches Passwort zum geschützten Abonnentenbereich auf unserer Homepage, wo Sie unser Archiv jederzeit kostenlos nutzen können und Zugang zu unserer Farbadjektiv-Tauschbörse erhalten. Die ersten einhundert Einsender bekommen zusätzlich und kostenlos ein Zehnerpaket mit dem Indefinitpronomen **mehr**, damit Sie Ihre Farbadjektive jederzeit richtig steigern können.
Wenn Sie das Startset innerhalb von 14 Tagen nach Erhalt nicht an uns zurücksenden, buchen wir den supergünstigen Jubiläumssonderpreis von nur je 3,95 € (statt später 7,95 €) inkl. MwSt. und Versand per einmaligem Bankeinzug von Ihrem Konto ab. Als Abonnent beziehen Sie künftig in vierteljährlichem Abstand per E-Mail (auf Wunsch auch per Fax oder Post) von uns weitere Wörter quer durch die Farbskala und zahlen bequem per Bank-

einzug. Sie können das Abonnement der Adjektive inklusive richtiger Beugung und garantiert ohne Steigerung jederzeit zum Ende eines Bezugsquartals beenden, eine formlose E-Mail an unseren Kundenservice genügt.
Einfach und bequem grammatikalisch korrekte Farbadjektive sammeln – ohne Verpflichtungen, ohne Risiko. Gibt es da noch Gründe zu zögern?

Falsch	Richtig
Da sie den **bleuen** Hosenanzug heute nicht tragen wollte und auch sonst nichts Passendes fand, griff sie lustlos zum **rosanen** Kostüm.	Da sie den **bleu/bleufarbenen/bleufarbigen** Hosenanzug heute nicht tragen wollte und auch sonst nichts Passendes fand, griff sie lustlos zum **rosa/rosafarbenen/rosafarbigen** Kostüm.
Er sieht wieder einmal umwerfend aus, der **orangene** Schal passt perfekt zum schwarzen Smoking.	Er sieht wieder einmal umwerfend aus, der **orange/orangefarbene/orangefarbige** Schal passt perfekt zum schwarzen Smoking.
Die **türkise** Tischdecke mit den **beigen** Streifen ist wirklich originell.	Die **türkisfarbene/türkisfarbige** Tischdecke mit den **beige/beigefarbenen/beigefarbigen** Streifen ist wirklich originell.
Die **dunkelröteren** Kissenbezüge harmonieren viel besser mit dem **cremenen** Sofa als die hellroten.	Die **dunkelroten** Kissenbezüge harmonieren viel besser mit dem **creme/cremefarbenen/cremefarbigen** Sofa als die hellroten.

Falsch	Richtig
Esthers Haare sind diesmal aber **lilaer** als beim letzten Mal. Hat sie den Frisör gewechselt?	Esthers Haare sind diesmal aber **mehr lila** als beim letzten Mal. Hat sie den Frisör gewechselt?
Der **ockerne** Parka mit den **oliven** Taschen gefällt mir nicht, das sieht zu militärisch aus.	Der **ockerfarbene/ockerfarbige** Parka mit den **olivefarbenen/ olivefarbigen** Taschen gefällt mir nicht, das sieht zu militärisch aus.

damit/mit ihm

Damit Sie wissen, womit Sie es bei **damit** und seinen Geschwistern **darauf, darüber, daran, davon, darin** sowie seinen besten Freunden **wovon, womit, worüber, worin, woran** und **worauf** zu tun haben, wollen wir die Großfamilie an dieser Stelle erst mal beim Namen nennen: Es handelt sich um Pronominaladverbien. Ja, Sie haben richtig gelesen, doch bevor Sie jetzt eine mittelschwere Panikattacke vortäuschen, lassen Sie sich das Wort lieber mal in aller Ruhe auf der Zunge zergehen: Pro-no-mi-nal-ad-ver-bi-en.

Na, ist Ihnen jetzt der Appetit auf korrektes Deutsch glatt vergangen? Wir hoffen nicht, aber so ist es nun mal mit der Grammatik. Frei nach Woody Allen: Sie kann die Hölle sein, aber komisch ist sie trotzdem.

Also lachen Sie an dieser Stelle einmal herzhaft und vergessen Sie das Wort (im Folgenden der Einfachheit halber PA genannt) gleich wieder, wenn Sie möchten; so spannend klingt es nun auch wieder nicht. Nur die Regeln sollten Sie im Oberstübchen behalten, damit Sie sich bei **damit** nicht ständig in die Nesseln der deutschen Sprache setzen:

- Das PA steht grundsätzlich dann, wenn es sich als Bezugswort in einem Satz auf einen Begriff oder eine Sache bezieht. Die Variante, statt des PA eine Präposition zu verwenden, ist nicht erlaubt.
- Bezieht sich das Bezugswort dagegen auf eine Person, so muss das PA durch eine Präposition mit Pronomen ersetzt werden.
- Wenn allerdings das PA nach mehreren Substantiven (Begriffe, Sachen oder Personen) steht und nicht eindeutig einem davon zuzuordnen ist, so ist die Variante Präposition mit Pronomen sinnvoller.
- In Relativsätzen wird das PA heute in der Regel nicht mehr verwendet; vor allem bei Personen, zunehmend auch bei Sachen oder Begriffen als Bezugswörtern steht eine Präposition mit Relativpronomen statt des PA (also: »Das Ehepaar, von dem wir neulich sprachen« statt: »Das Ehepaar, wovon wir neulich sprachen«).
- Existiert dagegen kein eindeutiges Bezugswort, so steht das PA (also: »Das war alles, wonach sie ihn fragte« statt: »Das war alles, nach was sie ihn fragte«).

Viel zu viel auf einmal und überhaupt: Ihnen doch egal, möchten Sie jetzt am liebsten rufen? Okay, wie Sie wollen. Aber sagen Sie hinterher bitte nicht, Sie seien nicht gewarnt worden. Zu viele Grammatikfehler machen nämlich nicht nur unattraktiv, sondern vergraulen auch potenzielle Sexualpartner. Und das haben Sie dann davon.

Falsch	Richtig
Lore ist eine Freundin, **worauf** man sich verlassen kann.	Lore ist eine Freundin, **auf die** man sich verlassen kann.
Das ist das Appartement, **darin** wir im Urlaub auf Mallorca gewohnt haben.	Das ist das Appartement, **in dem** wir im Urlaub auf Mallorca gewohnt haben.

Falsch	Richtig
Hier hast du meine Wohnungsschlüssel. **Damit** kannst du jederzeit vorbeikommen und die Blumen gießen.	Hier hast du meine Wohnungsschlüssel. **Mit ihnen** kannst du jederzeit vorbeikommen und die Blumen gießen.
»Denk morgen früh an die Tupperschüssel. Sie gehört Jochen.« »Ja, ich werde **an sie** denken.«	»Denk morgen früh an die Tupperschüssel. Sie gehört Jochen.« »Ja, ich werde **daran** denken.«

Entweder	Oder
Sie hatte dreißig Paar Schuhe, aber nur zehn **von ihnen** trug sie regelmäßig.	Sie hatte dreißig Paar Schuhe, aber nur zehn **davon** trug sie regelmäßig.
Das ist die Kutsche, **mit der** das Brautpaar gestern zur Kirche fuhr.	Das ist die Kutsche, **womit** das Brautpaar gestern zur Kirche fuhr.

dasjenige

Das Demonstrativpronomen **dasjenige** ist im Grunde seines Herzens ein friedliebender Zeitgenosse und daher auch recht pflegeleicht im Umgang.
Das ist ja schon mal grundsätzlich sehr erfreulich und lässt Gutes hoffen. Deshalb sollte es auch ein Klacks für Sie sein, sich der einzigen Hürde zu stellen (und diese natürlich auch zu überwinden), die sich bei der Anwendung des Wörtchens so bietet.
Schließt sich nämlich ein Relativsatz an das Pronomen an und steht dieses außerdem ohne Zusatz, so ist das den Nebensatz einleitende Relativpronomen immer **was** und nicht **das**. Folgt dagegen ein Substantiv auf **dasjenige**, so muss der folgende Nebensatz mit **das** angeschlossen werden. Gleiches gilt übrigens für das Demonstrativpronomen **dasselbe** sowie für **vieles** und **alles.**

Nicht zu vergessen das Indefinitpronomen **etwas**, nach dem sich der folgende Relativsatz immer mit **was** und nur in genehmigungspflichtigen Ausnahmefällen mit **das** anschließt. Wir möchten an dieser Stelle darauf hinweisen, dass eventuelle Anträge zur Verwendung von **das** anstelle von **was**, die im Übrigen gebührenpflichtig sind, in vierfacher Ausführung und mit sehr guter Begründung einschließlich eines per Grammatiknotar beglaubigten Gutachtens bei der GAB einzureichen sind und dass das Genehmigungsverfahren durchschnittlich in etwa sieben bis zehn Monate beansprucht.
Allerdings gibt es auch Indefinitpronomen, so zum Beispiel **jeder** wie auch **niemand** und **keiner**, bei denen ein sich anschließender Nebensatz mit **der** und nicht mit **wer** eingeleitet wird. Hier sind leider keine Sondergenehmigungen möglich, daher bitten wir im Hinblick auf das Wohl der deutschen Sprache von derlei Ansinnen grundsätzlich abzusehen.

Falsch	Richtig
Dasjenige, **das** Evelyn am liebsten tut, ist mit Essen spielen; nur leider hat ihr das die Mutter verboten.	Dasjenige, **was** Evelyn am liebsten tut, ist mit Essen spielen; nur leider hat ihr das die Mutter verboten.
Jeder, **wer** zur Grillparty eingeladen ist, soll einen Salat zum Büffet beisteuern.	Jeder, **der** zur Grillparty eingeladen ist, soll einen Salat zum Büffet beisteuern.
Dasjenige Mädchen, **was** als Erstes sein Zimmer aufgeräumt hat, darf sich etwas wünschen.	Dasjenige Mädchen, **das** als Erstes sein Zimmer aufgeräumt hat, darf sich etwas wünschen.
Er wollte es mir zuerst nicht glauben, aber Angi hat ihm wohl dasselbe gesagt, **das** auch du ihm zuvor gesagt hast.	Er wollte es mir zuerst nicht glauben, aber Angi hat ihm wohl dasselbe gesagt, **was** auch du ihm zuvor gesagt hast.

Falsch	Richtig
Trotz all seiner Befürchtungen nahm niemand Notiz davon, dass Bernd dasselbe karierte Hemd trug, **was** er auch schon vergangenen Dienstag angehabt hatte.	Trotz all seiner Befürchtungen nahm niemand Notiz davon, dass Bernd dasselbe karierte Hemd trug, **das** er auch schon vergangenen Dienstag angehabt hatte.

deren

Bei diesem Wörtchen, das einerseits als Demonstrativpronomen, andererseits als Relativpronomen gebraucht werden kann, müssen alle Dativ-Freunde und begeisterten -Anwender stark sein. Denn von **deren** existiert kein Dativ. Auch wenn **derem** sich noch so gut anhört – es ist leider falsch.

Sobald Sie angesichts dieser in Ihren Augen himmelschreienden Ungerechtigkeit den Gedanken, eine Selbsthilfegruppe für verhinderte **derem**-Befürworter zu gründen, wieder verworfen haben, können wir uns dem nächsten dramatischen Punkt zuwenden. **Deren** zählt im Grunde zu den ganz armen Kerlen in der deutschen Sprache, da es über so gut wie keine Rechte verfügt. Es darf nämlich auch nicht bestimmen, in welchem Fall die nachfolgenden Wörter oder Wortgruppen stehen, da es ein so genannter attributiver Genitiv ist – und die dürfen nun mal nicht sonderlich viel. Deshalb werden die folgenden Partizipien oder Adjektive immer stark und nicht schwach gebeugt. Das Gleiche gilt übrigens für das Demonstrativpronomen **dessen**, den tapferen Leidensgenossen von **deren**.

Trösten Sie sich einfach mit dem Gedanken, dass geteiltes Leid bekanntlich halbes Leid ist (die beiden werden sich schon gegenseitig beistehen), und grämen Sie sich bitte nicht länger deswegen. Freuen Sie sich lieber, dass **deren** als korrekter Genitiv der Relativpronomen **der, die, das** einmal mehr seinen Durchsetzungswillen unter Beweis stellt und sich gegen die gern benutzte falsche Form **derer** behauptet hat.

Falsch	Richtig
Sie kam gerade von einem Besuch bei ihrer Großtante Elisabeth und **deren kranken** Hund zurück.	Sie kam gerade von einem Besuch bei ihrer Großtante Elisabeth und **deren krankem** Hund zurück.
Weil er bei Rot über die Ampel gefahren war, brach die Fußgängerin einen Streit mit dem Cabriofahrer und **dessem** Beifahrer vom Zaun.	Weil er bei Rot über die Ampel gefahren war, brach die Fußgängerin einen Streit mit dem Cabriofahrer und **dessen** Beifahrer vom Zaun.
Obwohl er am liebsten davongelaufen wäre, unterhielt er sich bei dem Cocktailempfang mit seiner Exfrau und **derem neuen** Freund.	Obwohl er am liebsten davongelaufen wäre, unterhielt er sich bei dem Cocktailempfang mit seiner Exfrau und **deren neuem** Freund.
Wir haben das Wochenende auf der Insel Sylt und **deren wunderschönen** Natur verbracht.	Wir haben das Wochenende auf der Insel Sylt und **deren wunderschöner** Natur verbracht.
Die junge Studentin war zutiefst beeindruckt von der alten Frau und **deren weisen**, wenngleich **faltigen** Gesicht.	Die junge Studentin war zutiefst beeindruckt von der alten Frau und **deren weisem**, wenngleich **faltigem** Gesicht.

der gleiche/derselbe

Dass der gleiche Koffer noch lange nicht derselbe Koffer ist und umgekehrt, dürfte sich inzwischen landauf, landab selbst in eher grammatikophoben Kreisen herumgesprochen haben. Doch worin liegt der Unterschied genau?

Frei nach dem Motto gleich und gleich gesellt sich gern, bezeichnen beide Wörter eine Übereinstimmung oder Gleichheit von Dingen. Außerdem können sie die Art oder Gattung von etwas bestimmen. Normalerweise besteht keine Verwechslungsgefahr, da sich aus dem Zusammenhang erschließen lässt, was genau gemeint ist. In manchen Fällen allerdings ist eine Unterscheidung notwendig, damit es nicht zu Missverständnissen und dergleichen kommt. Daher benutzt man in der Regel derselbe, wenn man eine Person oder einen bestimmten Gegenstand meint, und der gleiche, um eine Gattung (also mehrere Dinge des gleichen Typs oder Modells) zu bezeichnen. Kurz und knapp lässt sich also sagen:

- **derselbe = ein und derselbe = eine Sache**
- **der gleiche = gleich, ähnlich = mehrere Sachen.**

Das war jetzt als ausgleichende Gerechtigkeit für all die anderen verzwickten Problemfälle mal gar nicht so schwer, oder?

Entweder	Oder
Die beiden Sekretärinnen benutzen **denselben** (einen) Computer.	Die beiden Sekretärinnen benutzen **den gleichen** Computer (zwei C. desselben Modells).
Mia und Tobi gehen in **denselben** (einen) Kindergarten.	Mia und Tobi gehen in **den gleichen** Kindergarten (zwei K. ähnlichen Typs).
Carola hat **dieselbe** Handtasche wie ihre jüngere Schwester (eine H., die beide benutzen).	Carola hat **die gleiche** Handtasche wie ihre jüngere Schwester (zwei H. desselben Modells).

dessen → deren

dieser/diese/dieses

♦ **Wer nach der Lektüre dieses Eintrags noch immer »diesen Eintrags« sagt, hat die Botschaft dieses Eintrags nicht verstanden und sollte diesen Eintrag daher gleich noch mal lesen.**

An der korrekten Verwendung von **dieser** können Sie leicht einen echten Profi von einem grammatikalischen Wichtigtuer und Blender unterscheiden. Besonders schlaue Schlaufüchse glauben nämlich, ihre – vermeintliche – Überlegenheit über alle bemitleidenswerten Dativ-Falschanwender ausspielen zu müssen, indem sie jederzeit und allerorten den Genitiv verwenden. Leider, leider auch da, wo er gar nicht hingehört. Ts, ts, ts! Also wirklich!
Die Schlaufüchse allein sind ja schon schlimm genug, doch ob Sie es glauben oder nicht: Es geht noch besser. Denn es gibt da noch eine ganz besondere Spezies, nämlich die extrem cleveren Cleverles, die sich sonst zwar auch nicht mit Dativ und Genitiv auskennen, irgendwo aber mal eine Formulierung aufgeschnappt haben, von der sie annehmen, diese sei richtig. Nun denken sie, wenn sie bei jeder sich bietenden Gelegenheit statt **dieses Jahres** (wie es korrekt wäre) **diesen Jahres** (was zu unserem tiefsten Bedauern falsch ist) sagen, seien Sie mit ihrer eleganten Genitiv-Version garantiert auf der sicheren Seite. Tja, falsch gedacht!
Wie Sie sehen, lohnt es sich nicht immer, sich sprachlich zu verkünsteln, zumindest dann nicht, wenn man zwar den Genitiv vom Dativ unterscheiden kann, dafür aber nicht weiß, wie man den Genitiv richtig bildet.
Genau das sollten allerdings auch Sie wissen, bevor Sie den nächstbesten Grammatikblender, dem Sie mit Sicherheit schon bald auf der einen oder anderen Festivität über den Weg laufen werden, in geselliger Runde entlarven. Denn es besteht die Gefahr, dass er so lange auf Sie einredet und Ihnen nebenbei sein

Gesamtwissen über die deutsche Sprache im Allgemeinen und im Besonderen zu vermitteln versucht, bis der Sekt in Ihrem Glas schal geworden ist. Deshalb sollten Sie vorsichtshalber die entsprechende Grammatikregel parat haben und sie ihm mit ein paar freundlichen Worten und guten Wünschen mit auf den Nachhauseweg geben. Den wird er nämlich im Handumdrehen antreten, wenn er seinen Fauxpas erst mal eingesehen hat. Daher wollen wir sie Ihnen an dieser Stelle selbstverständlich nicht vorenthalten.

- Die Demonstrativpronomen **dieser, diese, dieses** werden grundsätzlich stark gebeugt. Das heißt, im Genitiv Singular enden das maskuline und das neutrale Pronomen auf **-es**.

Wenn Sie dem Wichtigtuer zum Abschied völlig den Rest geben wollen, dann rufen Sie ihm, bevor er sich den Mantel übergeworfen und die Flucht ergriffen hat, doch noch schnell zu, dass es zwar **dieses** Jahres, dafür aber **nächsten** Jahres statt nächstes Jahres heißt und **letzten** Jahres statt letztes Jahres. Warum das so ist, soll er dann einfach bis zur nächsten Party herausfinden. Na, das ist doch mal eine Regel, die sich auswendig zu lernen lohnt! Oder wollten Sie nicht schon immer mal der Partykönig sein?

Falsch	Richtig
Anfang **diesen** Jahres kam es bei Familie Meier zum Zerwürfnis zwischen Vater und Tochter.	Anfang **dieses** Jahres kam es bei Familie Meier zum Zerwürfnis zwischen Vater und Tochter.
Die Angestellten der Firma planten alle ihren Sommerurlaub für Juli **nächstes** Jahres. Da war Ärger vorprogrammiert.	Die Angestellten der Firma planten alle ihren Sommerurlaub für Juli **nächsten** Jahres. Da war Ärger vorprogrammiert.

Falsch	Richtig
Peter wünschte sich schon seit langem eine Lok **diesen** Typs, um seine Modelleisenbahnsammlung zu vervollständigen.	Peter wünschte sich schon seit langem eine Lok **dieses** Typs, um seine Modelleisenbahnsammlung zu vervollständigen.
Bei der Taufe ihres Sohnes im Mai **letztes** Jahres hatten sie mit dem Wetter Glück.	Bei der Taufe ihres Sohnes im Mai **letzten** Jahres hatten sie mit dem Wetter Glück.

Doppelungen → bevor und → neu renoviert

du oder wir → er oder ich/er und ich

ein

Das Wörtchen **ein**, das zum einen als Zahlwort und zum anderen als Artikel oder Indefinitpronomen gebraucht werden kann, bietet leider mehr als eine Möglichkeit, in die Falle der deutschen Grammatik zu tappen.
Deshalb sollten Sie besonders gut aufpassen, wenn Sie sich diesem unscheinbar wirkenden Wort widmen, das es faustdick hinter den Grammatikohren hat. Setzen Sie sich also lieber auf Ihre fünf Buchstaben und merken Sie sich, worauf es bei **ein** ankommt, bevor Ihnen diese gerade mal drei Buchstaben das Leben schwer machen.
Zu beachten ist im Umgang mit **ein** Folgendes:

- Wird **ein** als Zahlwort verwendet, so muss es stark gebeugt werden. Einzige Ausnahme: Wenn dem Zahlwort ein Artikel oder ein bereits stark gebeugtes Pronomen vorangeht, dann darf **ein** schwach gebeugt werden.

- Enthält ein Genitivattribut, das aus mehreren Wörtern besteht, auch das Indefinitpronomen **ein**, so muss dieses ebenfalls im Genitiv stehen. Der Dativ oder Nominativ ist hier nicht erlaubt.

Zwei kurze Regeln für **ein** – das ist nun wahrlich zu schaffen!

Falsch	Richtig
Innerhalb **einen** Monats soll er die Rechnung bezahlen.	Innerhalb **eines** Monats soll er die Rechnung bezahlen.
Die Einnahmen **einen** Jahres reichen leider nicht aus, um sechs Monate Urlaub zu finanzieren.	Die Einnahmen **eines** Jahres reichen leider nicht aus, um sechs Monate Urlaub zu finanzieren.
Die Impfung **einer** unserer Hundewelpen hat leider nicht angeschlagen. Nun ist das arme Tier krank.	Die Impfung **eines** unserer Hundewelpen hat leider nicht angeschlagen. Nun ist das arme Tier krank.
Die Ehe **einer** ihrer Söhne war ein wahres Fiasko, und so ließ er sich bald scheiden.	Die Ehe **eines** ihrer Söhne war ein wahres Fiasko, und so ließ er sich bald scheiden.
Wenn doch nur endlich Ostern vorbei wäre, der Besuch **einer** meiner Großonkel hat mir gereicht.	Wenn doch nur endlich Ostern vorbei wäre, der Besuch **eines** meiner Großonkel hat mir gereicht.

er oder ich/er und ich

Wenn es um die Frage geht, ob nach **er oder ich** das Verb im Singular oder im Plural stehen soll, halten Sie sich am besten an die gängigen Grammatikregeln zum Thema Übereinstimmung. Und eines können Sie sich vorweg schon mal merken: Kongruenz ist ein weites Feld.

Das soll Sie jedoch nicht abschrecken, sondern animieren, ganz genau hinzusehen, denn im Grunde sind die Regeln zwar nicht gerade wenige, dafür aber ganz logisch und damit leicht nachvollziehbar – und das ist doch auch schon mal was. Wir wollen uns an dieser Stelle auf die Fälle beschränken, die zu Fehlern einladen; all die Kann-Regeln bleiben hier unerwähnt, da sie – dank ihrer Vielzahl – ein eigenes Buch füllen könnten.

- Folgt auf eine Mengenangabe, die im Singular steht, das Gezählte ebenfalls im Singular, so darf das Verb ausschließlich im Singular stehen.
- Wird ein Subjekt, das im Singular steht, von einem Substantiv als Attribut (egal ob Singular oder Plural) ergänzt und zum Beispiel mit einer Präposition angeschlossen, so richtet sich das Verb nach dem ersten Substantiv und nicht nach dem Attribut und steht daher ebenfalls im Singular.
- Wird eine Mengenangabe mit »je« eingeleitet, so muss das Verb immer im Singular stehen.
- Wenn der Teil eines Subjekts, der im Singular steht, den zweiten Teil des Subjekts, der im Plural steht, von der Bedeutung her einschließt, so muss das Verb in den Singular.
- Besteht das Subjekt eines Satzes aus mehreren Teilen, die mit »oder« verbunden werden und die Konjunktion schließt eine von beiden Möglichkeiten aus, so muss das Verb im Singular stehen. Ist einer der Subjektteile jedoch im Plural, so richtet sich das Verb nach dem Teil, der unmittelbar vor ihm steht.
- Das Gleiche gilt, wenn die Subjektteile mit »nicht nur – sondern auch« oder »nicht – sondern« verbunden sind.
- Bei Titeln von Filmen, Büchern und Theaterstücken, die aus einem mehrteiligen, durch »und« verbundenen Subjekt bestehen, gehört das Verb in den Singular.

- Besteht das Subjekt eines Satzes aus mehreren Teilen, die mit »und« verbunden sind, so steht das Verb grundsätzlich im Plural.
- Bildet eine Mengenangabe mit Münzbezeichnungen im Plural das Subjekt eines Satzes, muss dennoch das Verb im Singular stehen.
- Stimmen die mit »oder« verbundenen Teile eines mehrgliedrigen Subjekts in der Person nicht überein, so darf sich das Verb nicht auf alle Teile zusammen beziehen. Es orientiert sich vielmehr an dem Subjektteil, der unmittelbar vor ihm steht. Das Gleiche gilt, wenn ein Teil des Subjektes verneint wird.
- Wenn das Subjekt eines Satzes aus mehreren Teilen besteht, die hinsichtlich der Person unterschiedlich sind, so gehört das Verb in die 1. Person Plural, sofern einer der Subjektteile in der 1. Person Singular steht. Steht dagegen einer der Subjektteile in der 2. oder 3. Person Singular, so muss das Verb in die 2. Person Plural.

Derart gerüstet, müssten Sie sich einigermaßen im Kongruenz-Dschungel der deutschen Sprache zurechtfinden. Und falls nicht, machen Sie dieses Buch einfach zu Ihrer Bettlektüre und markieren Sie diesen Eintrag. Spätestens nach einer Woche werden Sie sich die Regeln freiwillig merken, damit Ihnen endlich wieder ein flüssiger Roman den Weg ins Schlummerland versüßen kann.

Eines noch zum Abschluss: Bitte denken Sie daran, dass Formulierungen wie »Er und ich ging in den Zoo« ausschließlich unseren schizophrenen Mitbürgern vorbehalten sind, und betreiben Sie dahingehend bitte keinen Missbrauch.

Sonst kann es zu unliebsamen Überraschungen kommen – für welche die deutsche Grammatik leider nicht zur Verantwortung gezogen werden kann.

Falsch	Richtig
An den genauen Tathergang **konnten** sich weder er noch ich erinnern.	An den genauen Tathergang **konnte** sich weder er noch ich erinnern.
Du und er **haben** endlich **sein** Kriegsbeil begraben.	Du und er **habt** endlich **euer** Kriegsbeil begraben.
Gehen er und ihr nicht sonntags immer zusammen ins Schwimmbad?	**Geht** er und ihr nicht sonntags immer zusammen ins Schwimmbad?
Entweder sein Vater oder ich **zahlt** die kaputte Scheibe.	Entweder sein Vater oder ich **zahle** die kaputte Scheibe.
Drei Euro für eine Cola **sind** nicht zu viel auf einer Veranstaltung wie dieser.	Drei Euro für eine Cola **ist** nicht zu viel auf einer Veranstaltung wie dieser.
Du oder wir **musst dich** entscheiden.	Du oder wir **müssen uns** entscheiden.
Es war wohl an der Zeit, dass Vater oder Mutter endlich eine Entscheidung bezüglich der Hausarbeit **treffen**.	Es war wohl an der Zeit, dass Vater oder Mutter endlich eine Entscheidung bezüglich der Hausarbeit **trifft**.
Allem Anschein nach **werden** sie oder er wohl noch einmal unser Handeln überdenken müssen.	Allem Anschein nach **wird** sie oder er wohl noch einmal unser Handeln überdenken müssen.
Da **haben** ihr und er **sich** aber gewaltig geirrt!	Da **habt** ihr und er **euch** aber gewaltig geirrt!
Ihr und sie **müssen sich** jetzt zusammennehmen.	Ihr und sie **müsst euch** jetzt zusammennehmen.
Camilla oder Wolfgang **sollten** sich darum kümmern.	Camilla oder Wolfgang **sollte** sich darum kümmern.

Erachten

Auch wenn Sie diesen Eintrag auf den ersten Blick nicht für oder als sonderlich kompliziert erachten (und das ist er – ausnahmsweise – tatsächlich nicht), beachten sollten Sie die kleinen Unterschiede im Gebrauch von **Erachten** durchaus.

Wenn Ihnen die deutsche Grammatik hier schon drei richtige Varianten zur Auswahl lässt, warum also ausgerechnet die falsche nehmen? Oder wollen Sie uns etwa weismachen, dass bei **nach meinem Erachten, meines Erachtens** und **meinem Erachten nach** nicht auch für Ihren erlesenen Sprachgeschmack etwas dabei ist? Wie war das noch beim Überraschungsei? »Drei Wünsche auf einmal – das geht nun wirklich nicht.« Es geht doch, wie Sie sehen. Deshalb sollten Sie es auch als Ihre Pflicht erachten, sich auf die richtigen Varianten zu beschränken und die deutsche Sprache vor Ihren Eigenkreationen zu bewahren – der Duden ist sowieso schon dick genug.

Falsch	Richtig
Meines Erachtens nach war es ein großer Fehler, diese Wohnung zu kaufen. Sie ist viel zu klein.	**Meines Erachtens/Nach meinem Erachten/Meinem Erachten nach** war es ein großer Fehler, diese Wohnung zu kaufen. Sie ist viel zu klein.
Er hat sich **meinem Erachtens nach** bei dieser Sache ein bisschen übernommen. Wenn er das mal nicht bereuen wird.	Er hat sich **meines Erachtens/ nach meinem Erachten/ meinem Erachten nach** bei dieser Sache ein bisschen übernommen. Wenn er das mal nicht bereuen wird.
Nach meines Erachtens ist Gabis Reaktion völlig unangemessen.	**Nach meinem Erachten/ Meines Erachtens/Meinem Erachten nach** ist Gabis Reaktion völlig unangemessen.

es

Wenn Sie sich darüber im Klaren sind, dass es sich bei **es** um ein Personalpronomen neutralen, also sächlichen Geschlechts handelt, haben Sie schon halb gewonnen.

Und da wäre es doch gelacht, wenn Sie sich die andere Hälfte nicht auch noch merken könnten und den Sieg sicher nach Hause bringen. Sie trauen sich das nicht zu?

Na, na, na – wer wird denn hier so bescheiden sein? Jetzt mal schnell ein paar Mantras zur Förderung einer rundum positiven Lebenseinstellung (und zwar inklusive Grammatik) gesprochen und sofort im Anschluss die nachfolgenden Regeln durchgelesen.

- Steht **es** am Anfang eines Satzes, so bestimmt es nur dann den Numerus des Verbs, wenn es zugleich das Subjekt des Satzes ist.
- Das Personalpronomen **es** darf grundsätzlich nicht nach Präpositionen stehen.

Und jetzt wollen wir nichts mehr hören!

Falsch	Richtig
Das ist ein wirklich schwerwiegendes Problem. Ich bin froh, dass wir **über es** gesprochen haben.	Das ist ein wirklich schwerwiegendes Problem. Ich bin froh, dass wir **darüber** gesprochen haben.
Es muss drei Fragen bei diesem Test beantwortet werden.	**Es müssen** drei Fragen bei diesem Test beantwortet werden.
Das Foto ist mir gut gelungen. Ich bin so stolz **auf es**.	Das Foto ist mir gut gelungen. Ich bin so stolz **darauf**.
Das zweite Album der Rockband erscheint in Kürze. Die Fachpresse und die Fans warten schon gespannt **auf es**.	Das zweite Album der Rockband erscheint in Kürze. Die Fachpresse und die Fans warten schon gespannt **darauf**.

Falsch	Richtig
Die Handwerker **hingen** den Spiegel falsch herum auf.	Die Handwerker **hängten** den Spiegel falsch herum auf.
Er **hat** sehr an ihr **gehängt**.	Er **hat** sehr an ihr **gehangen**.
Die Kinder **haben** auf dem Steg gesessen und die Beine ins Wasser **gehangen**.	Die Kinder **haben** auf dem Steg gesessen und die Beine ins Wasser **gehängt**.
Abend für Abend **hängte** er vor dem Computer herum.	Abend für Abend **hing** er vor dem Computer herum.
Nach dem Telefonat **hing** er den Hörer falsch ein.	Nach dem Telefonat **hängte** er den Hörer falsch ein.
Der Ausgang der Verhandlung **hat** von der Gunst des Richters **abgehängt**.	Der Ausgang der Verhandlung **hat** von der Gunst des Richters **abgehangen**.

Held

Keine Angst: Sie müssen hier nicht gleich den Heldentod sterben, nur weil Sie nicht wissen, wie man **Held** richtig beugt, auch wenn Ihre Schwäche bei der Deklination zugestandenermaßen nicht sonderlich heldenhaft ist. Zum Glück sind wir hier nicht im Märchen oder bei den griechischen Heldensagen, in denen Königssöhnen unlösbare Rätsel aufgegeben werden, wenn sie um die Hand der begehrten Prinzessin anhalten, und ihnen im Falle des Scheiterns der Tod droht.
Allerdings machen Sie in der Heldendichtung und auch sonst noch längst nicht alles richtig, indem Sie einfach die Deklination unterlassen. Das wäre doch nun wirklich zu simpel!
Leider gibt es bei dieser grammatikalischen Hürde so viele Ausnahmen, dass selbst der Duden keine verbindlichen Regeln parat hat, sondern seinen Lesern nur ellenlange Wortlisten (darunter

Falsch	Richtig
Sie werden **durch es** immer schneller.	Sie werden **dadurch** immer schneller.
Das ist ein seltsames Lied. Es **klingen** wie von mehreren Stimmen gesungen.	Das ist ein seltsames Lied. Es **klingt** wie von mehreren Stimmen gesungen.
Das Kloster ist sehr imposant. Leider verliert es seine Wirkung, da ein modernes Bürogebäude **neben es** gebaut wird.	Das Kloster ist sehr imposant. Leider verliert es seine Wirkung, da ein modernes Bürogebäude **daneben** gebaut wird.

Fugen-s → Staatsgeheimnis

gäbe/gebe → nähme/nehme

gang und gäbe

Bei dem feststehenden Ausdruck **gang und gäbe**, so ist es nun mal gang und gäbe, muss es richtig **gäbe** und nicht **gebe** heißen. Das zweite Wort der Fügung steht nämlich ganz und gar nicht, wie so oft angenommen, im Konjunktiv I. Den sparen Sie sich mal lieber für die **indirekte Rede** (→ **nähme/nehme**) auf, dort wird er nötiger gebraucht.
Ansonsten gibt es hier nicht sonderlich viel zu beachten, abgesehen davon, dass der Ausdruck nur zusammen mit dem Verb »sein« verwendet und nicht attributiv gebraucht werden darf. Und all denjenigen, die schon genug Knoten in Ihren Taschentüchern haben, sei an dieser Stelle noch gesagt: Wer **gang** mit **a** schreibt, muss auch **gäbe** mit **a-Umlaut** schreiben.

Falsch	Richtig
Dass die Pferde alle mit Sporen geritten werden, ist in diesem Reitverein **gang** und **gebe**.	Dass die Pferde alle mit Sporen geritten werden, ist in diesem Reitverein **gang** und **gäbe**.
Wieso regst du dich denn so über die Nacktbadenden auf. FKK ist an diesem Strand doch seit Jahren **gang** und **gebe**.	Wieso regst du dich denn so über die Nacktbadenden auf. FKK ist an diesem Strand doch seit Jahren **gang** und **gäbe**.
Die in Cordulas Familie **gang und gäbenen** Rituale am Heiligen Abend waren ihrem neuen Freund suspekt.	Die Rituale, die in Cordulas Familie am Heiligen Abend **gang und gäbe** waren, waren ihrem neuen Freund suspekt.

gehabt

Deutschlandgrammatikwetter früher

Früher war sowieso alles besser, dementsprechend war natürlich auch die Wetterlage in der Sprachwelt heiter bis freundlich und damit in Ordnung. Alle bildeten die Vergangenheitsformen entweder im Imperfekt, im Perfekt oder im Plusquamperfekt, und selbst wenn ab und zu ein paar kleine Wolken am Grammatikhimmel zu sehen waren und auch schon mal ein Regen- oder Hagelschauer in Gestalt eines falschen Genitivattributs niederging, war die Lage dennoch insgesamt heiter und freundlich.

Deutschlandgrammatikwetter heute

Doch dann verdichteten sich die Wolkenfelder und irgendwann zog ein Grammatiksturmtief mit Wortgeschwindigkeiten von bis zu 180 Buchstaben pro Sekunde durchs Land und wirbelte die deutsche Sprache ordentlich durcheinander. Besonders hart traf es die Vergangenheitsformen, dort richtete der Orkan die größten Schäden an, die bis heute nicht richtig repariert sind und deshalb

in regelmäßigen Abständen für grammatikalische Schlechtwetterperioden sorgen.
Die Tiefausläufer des Sturms, die sich seit Jahrzehnten hartnäckig gegen alle Hochs und Schönwetterlagen durchsetzen, sorgen immer dann für Turbulenzen, wenn ein sonniges Perfekt oder ein heiteres Plusquamperfekt zusätzlich durch das böige und niederschlagreiche Partizip II **gehabt** ergänzt wird.

Vorhersage
Gehören Sie etwa auch zu den Mitverursachern dieser Nebel- und Hochnebelbänke der deutschen Sprache? Dann haben Sie nach der Lektüre dieses Eintrags die schlechte Angewohnheit mit **gehabt** hoffentlich die längste Zeit kultiviert gehabt!

Aussichten
Sonst bleibt das Sprachwetter bis in alle Ewigkeit nasskalt und neblig-trüb und es scheint nie wieder die Sonne am Grammatikhimmel – nicht mal gebietsweise.

Falsch	Richtig
Als er endlich seine Badehose fand, **haben** wir schon drei Bahnen **geschwommen gehabt**.	Als er endlich seine Badehose fand, **hatten** wir schon drei Bahnen **geschwommen**.
Bis die Sonne unterging, **waren** wir fünfmal mit dem Hund um den Block **gegangen gewesen**.	Bis die Sonne unterging, **waren** wir fünfmal mit dem Hund um den Block **gegangen**.
Die Mutter schüttelte nur den Kopf, als ihr Sohn mit einer Fünf in Mathe nach Hause kam. Schließlich **hatte** sie ihm mehrfach **gesagt gehabt**, dass er mehr lernen soll.	Die Mutter schüttelte nur den Kopf, als ihr Sohn mit einer Fünf in Mathe nach Hause kam. Schließlich **hatte** sie ihm mehrfach **gesagt**, dass er mehr lernen soll.

gehörend/gehörig

Die Wörter **gehörend** und **gehörig** gehören nach Möglichkeit nicht verwechselt, und gegeneinander austauschen dürfen Sie die beiden schon gleich gar nicht. Sonst könnten Sie unter Umständen in gehörige Schwierigkeiten geraten, und davor möchten wir Sie an dieser Stelle unter allen Umständen bewahren. Deshalb gehört hier der allgemeine Umgang mit **gehörend** und **gehörig** mal kurz auf den Prüfstand.

Während das Partizip **gehörend** eine Zugehörigkeit ausdrückt, also besagt, dass zum Beispiel eine Sache jemandem oder an einen bestimmten Ort gehört, bedeutet das Adjektiv **gehörig** »in hohem Maße« oder »angemessen«.

Bitte erweisen Sie den ähnlich klingenden Wörtern doch in Zukunft den gehörigen Respekt und verwenden Sie die beiden richtig. Merken können Sie sich das am besten, indem Sie sich vor Augen führen, dass **gehörend** von **gehören** kommt, was unschwer daran zu erkennen ist, dass es – bis auf einen Buchstaben – genauso geschrieben wird. **Gehörig** endet dagegen nicht nur anders, es bedeutet auch etwas anderes.

Falsch	Richtig
Susi ist stinksauer auf Stefan, denn er hat die ihr **gehörigen** Bücher verlegt und findet sie nicht wieder.	Susi ist stinksauer auf Stefan, denn er hat die ihr **gehörenden** Bücher verlegt und findet sie nicht wieder.
Mann, war ich wütend. Dem habe ich vielleicht **gehörend** die Meinung gegeigt.	Mann, war ich wütend. Dem habe ich vielleicht **gehörig** die Meinung gegeigt.
Die zur Tischdecke **gehörigen** Servietten habe ich nicht gekauft. Sie waren mir zu teuer.	Die zur Tischdecke **gehörenden** Servietten habe ich nicht gekauft. Sie waren mir zu teuer.

Falsch	Richtig
Wenn Frank noch mal angetrunken Auto fährt, bekommt er **gehörenden** Ärger mit seiner Frau.	Wenn Frank noch mal angetrunken Auto fährt, bekommt er **gehörigen** Ärger mit seiner Frau.

Genitivattribut → meiner Tante ihre Tochter

Gläubige/Gläubiger

Wenn der **Gläubige** sich als **Gläubiger** entpuppt, muss er noch lange nicht unchristlich sein. Dennoch sollten Sie bei diesen beiden Wörtern genau hinsehen, bevor Sie eines von beiden verwenden, denn ein kleiner Buchstabe sorgt hier für einen großen Unterschied. Ein **r** am Wortende mehr, und schon werden aus religiösen Menschen Leute, denen ein anderer etwas schuldet.
Dekliniert man die beiden Wörter jeweils mit dem entsprechenden bestimmten Artikel durch, sind sie recht leicht auseinander zu halten, es besteht also keine große Verwechslungsgefahr:

Singular	*Plural*	*Singular*	*Plural*
Der Gläubige	Die Gläubigen	Der Gläubiger	Die Gläubiger
Des Gläubigen	Der Gläubigen	Des Gläubigers	Der Gläubiger
Dem Gläubigen	Den Gläubigen	Dem Gläubiger	Den Gläubigern
Den Gläubigen	Die Gläubigen	Den Gläubiger	Die Gläubiger

Sie müssen sich im Grunde also nur merken, dass die **r**eligiösen Menschen, also die Gläubigen, ohne **r** am Wortende auskommen (schließlich steckt in **r**eligiös bereits eines drin, und das reicht völlig aus), und schon machen Sie alles richtig – fast!
Bevor Sie jetzt nämlich erleichtert aufatmen und sich dem nächsten Eintrag zuwenden wollen, sehen Sie sich doch bitte auch noch die Deklination der beiden Wörter im Plural ohne Artikel an:

Plural	*Plural*
Gläubige	Gläubiger
Gläubiger	Gläubiger
Gläubigen	Gläubigern
Gläubige	Gläubiger

Was stellen Sie da im Genitiv Plural zu Ihrem Entsetzen fest? Genau: Es handelt sich dabei um die gleiche Form wie bei den **Gläubigern**. Doch fallen Sie uns jetzt bitte nicht gleich vom Glauben an die Berechtigung der deutschen Grammatikregeln ab, sondern weichen Sie einfach auf Formulierungen aus, die eine Verwechslung ausschließen.
So geht zum Beispiel aus dem Satz »Eine Gruppe **Gläubiger** traf sich im Nebenraum der Gaststätte« nicht eindeutig hervor, ob sich in dem Lokal nun **Gläubige** oder **Gläubiger** treffen. Daher ist die Formulierung »Eine Gruppe von **Gläubigen/Gläubigern** traf sich im Nebenraum der Gaststätte« in diesem Fall vorzuziehen.
Bekanntlich kann Glaube Berge versetzen, insofern sind wir guter Hoffnung, dass Sie den Gipfel dieses Grammatikhügels problemlos erklimmen werden.

Falsch	Richtig
Als die Bauunternehmung Pleite ging, trafen die **Gläubigen** sich mit dem Konkursverwalter, um über die Aufteilung der Konkursmasse zu verhandeln.	Als die Bauunternehmung Pleite ging, trafen die **Gläubiger** sich mit dem Konkursverwalter, um über die Aufteilung der Konkursmasse zu verhandeln.
Der Pfarrer segnete die **Gläubiger**, die an dem Abendmahlsgottesdienst teilgenommen hatten.	Der Pfarrer segnete die **Gläubigen**, die an dem Abendmahlsgottesdienst teilgenommen hatten.

Falsch	Richtig
Enrico hatte sich in einer Nacht-und-Nebel-Aktion ins Ausland abgesetzt, um so seinen **Gläubigen** zu entkommen.	Enrico hatte sich in einer Nacht-und-Nebel-Aktion ins Ausland abgesetzt, um so seinen **Gläubigern** zu entkommen.
Tausende von **Gläubigern** versammelten sich auf dem Weltkirchentag, um gemeinsam zu beten.	Tausende von **Gläubigen** versammelten sich auf dem Weltkirchentag, um gemeinsam zu beten.

gut

Steigern dürfen Sie das Wörtchen **gut**, bis es besser nicht geht, ganz im Gegensatz zu einigen anderen Formen, die aus grammatikalischer Sicht weniger ➜ **optimal** sind.
Allerdings hat auch dieses Adjektiv eine kleine sprachliche Tücke zu bieten, nämlich in der Höflichkeitsform des **Imperativs** (➜ **vergess/vergiss**). Ihren Umgangsformen äußerst zuträglich wäre es daher, wenn Sie jetzt bitte mal so nett wären und sich Folgendes merken könnten:
Möchten Sie eine Person, die Sie siezen, zu etwas auffordern, dann zeigen Sie sich am besten von Ihrer höflichsten Seite und verwenden gleich die dritte Person Plural des Konjunktivs Präsens. Wenn Sie nämlich fälschlicherweise den Indikativ Präsens erwischen, stehen Sie leicht als Stoffel da – und zwar nicht nur in grammatikalischer Hinsicht.
Sollte Ihnen dieser Fauxpas auch nach der Lektüre ➜ **dieses** Eintrags noch unterlaufen oder sollten Sie gar beschließen, dass es dieser Regel gar nicht bedarf, so sei Ihnen dringend der Kauf eines *Knigge* empfohlen. Sonst übernehmen wir keine Garantie, falls Ihre Tischdame beim nächsten Galadiner so gut ist und Ihnen die kalte Schulter zeigt.

Falsch	Richtig
Sind Sie so gut und reichen Sie mir mal den Aschenbecher herüber?	**Seien** Sie so gut und reichen Sie mir mal den Aschenbecher herüber?
»**Sind** Sie so gut und bezahlen bar, das Kartenlesegerät ist leider defekt«, entschuldigt sich die Verkäuferin mit einem Lächeln.	»**Seien** Sie so gut und bezahlen bar, das Kartenlesegerät ist leider defekt«, entschuldigt sich die Verkäuferin mit einem Lächeln.
Erst bepackte der Weihnachtsmann sich so sehr mit Geschenken, dass er kaum noch laufen konnte, dann rief er dem nächstbesten Passanten zu: »**Sind** Sie so gut und helfen Sie mir, den Schlitten zu beladen!«	Erst bepackte der Weihnachtsmann sich so sehr mit Geschenken, dass er kaum noch laufen konnte, dann rief er dem nächstbesten Passanten zu: »**Seien** Sie so gut und helfen Sie mir, den Schlitten zu beladen!«

halten

Machen wir es kurz und schmerzlos: Die zweite Person Singular von **halten** heißt **du hältst** und nicht **du hälst**. Schließlich ist hier weit und breit kein Hals in Sicht!

Das merken Sie sich jetzt bitte einfach auf die Schnelle, ohne Eselsbrücke, ohne Beispielsätze, ohne Widerworte. Sollten Sie dazu wider Erwarten nicht in der Lage sein, so fragen Sie umgehend Ihren Arzt oder Apotheker. Nach Voltax zum Beispiel. Oder gleich nach etwas Stärkerem. Ob das dann zehn Euro Praxisgebühr und die Rezeptpauschale wert ist, müssen allerdings Sie entscheiden.

Ist Ihr Hirn dann wieder (oder gar noch) aufnahmefähig für ähnlich halsbrecherische Fallen der deutschen Sprache, so sei Ihnen der Eintrag ➔ **rutschen** empfohlen.

hängen

♦ **Verben können auch zielen. Meistens jedenfalls. Zumindest immer dann, wenn sie transitiv sind.**

Manch einer mag vielleicht denken, sobald ein Kunstdruck – womöglich noch nach mehreren Fehlversuchen – endlich an der Wand hängt, seien alle Probleme gelöst. Für engagierte Hobbyhandwerker mag das ja stimmen, für Sprachpuristen hingegen fängt die wahre Herausforderung hier erst an. Vor allem wenn, um mal im Bilde zu bleiben, der Familienrat beim Anblick des schiefen Kunstobjekts zu klären versucht, wer es eigentlich **aufgehängt** – oder gar **aufgehangen hat.** Hat am Ende gar die Wasserwaage nicht richtig funktioniert, wenn es dort nun drei Tage krumm **hängte** statt **hing**?
Die Wasserwaage mag durchaus in Ordnung gewesen sein, aus grammatikalischer Sicht hingegen liegt hier eindeutig etwas im Argen.
Allerdings müssen Sie sich nun nicht gleich erhängen, wenn Sie die richtige Form nicht auf Anhieb wussten. Schließlich ist der korrekte Gebrauch der Vergangenheitsformen von **hängen** fast so eine große Herausforderung wie eine Wand, in der kein Dübel hält. Das Gemeine an dem Wort ist nämlich, dass es sowohl eine transitive (zielende) als auch eine intransitive (nicht zielende) Variante davon gibt. Transitiv ist ein Verb immer dann, wenn es ein Akkusativobjekt als Ergänzung braucht, also auf etwas zielt. Intransitiv ist es, wenn es kein Objekt als Ergänzung braucht, sondern alleine steht und demnach nicht auf etwas zielt.
Damit Sie nun nicht völlig ziellos durch die tosenden Fluten der deutschen Grammatik segeln, sollten Sie sich vorab Folgendes merken: Wird **hängen** transitiv gebraucht, so heißt es **hängte/hat gehängt**, beim intransitiven Gebrauch heißt es dagegen **hing/hat gehangen**.
Ob **hängen** nun zielend oder nicht zielend (bitte nicht mit ziellos verwechseln!) ist, lässt sich ganz leicht feststellen, indem Sie die

Probe aufs Exempel machen. Nehmen Sie zum Beispiel den Satz: »Sie hängte den Rock auf den Bügel.« Gibt es hier ein Akkusativobjekt? Die Antwort lässt sich schnell und unkompliziert herausfinden, indem Sie mutig die Frage »Wen oder was?« in den Raum werfen. Also: »Wen oder was hängte sie auf den Bügel?« Antwort: »Den Rock.« Sie sehen, es funktioniert. Demnach wird in diesem Fall hängen transitiv gebraucht, die richtige Form lautet **hängte** und nicht hing. Gegenbeispiel: »Ein grauer Dunstschleier hing über der Stadt.« Hier können Sie sich zwar auch mit der Frage »Wen oder was hängte der Dunstschleier über die Stadt?« versuchen, eine Antwort werden Sie darauf jedoch nicht erhalten. Demnach wird **hängen** hier intransitiv gebraucht und es muss **hing** heißen.
Ein weiteres wichtiges Merkmal ist, dass sich von transitiven Verben so gut wie immer eine Passivkonstruktion bilden lässt, bei intransitiven ist eine solche Form hingegen nicht möglich. Auch hier gehen wir der Sache sofort auf den Grund: »Der Rock wurde von ihr auf den Bügel gehängt.« Klingt gut – und ist auch korrekt. Problematisch wird es dagegen mit: »Der Dunstschleier wurde über die Stadt gehängt.« Das geht nun wirklich nicht. Wer sollte das bitte schön veranlasst haben? Außer vielleicht Petrus oder gar der liebe Gott. Aber die beiden Herren wollen wir hier selbstverständlich aus dem Spiel lassen.
Für alle mathematisch Begabten sei hier nun – zur besseren Merkfähigkeit – der vertrackte Sachverhalt noch mal kurz in einer übersichtlichen und allerorten anwendbaren Formel zusammengefasst:

- **Transitiv** = zielend = mit Objekt = Passivbildung möglich = **hängte/hat gehängt**
- **Intransitiv** = nicht zielend = ohne Objekt = Passivbildung nicht möglich = **hing/hat gehangen**

All jenen, die jetzt womöglich vorschnell behaupten möchten, das könne sich doch ohnehin kein Mensch merken, sei gesagt: Sie haben Recht.

Legen Sie trotzdem Wert auf korrektes Deutsch in allen Lebenslagen, sollten Sie diese Formel daher in Ihrem stets am Körper zu tragenden roten Notizbüchlein verewigen oder – noch besser und moderner – in Ihrem multifunktionalen Handy, wo sie jederzeit auf einen Tastenklick abrufbar ist. Ist es Ihnen jedoch zu peinlich, immer erst nachschlagen zu müssen, bleibt Ihnen nur zweierlei: Lernen Sie die beiden Zeilen auswendig – oder stehen Sie zu Ihren Fehlern.

Damit wären Sie gewiss nicht allein. Denn auch wer – grammatikalisch gesehen – alles richtig macht, ist noch lange nicht gegen zweideutige Formulierungen gefeit. Daher gönnen Sie sich ruhig den Spaß, wenn demnächst Ihr neureicher Nachbar prahlt: »Gestern habe ich unseren Picasso aufgehängt. Ein echtes Original«, und antworten Sie ganz souverän: »Na, zum Glück war er schon tot.«

Ein wichtiger Hinweis zum Schluss: Die Verben **hängen** und **henken** sollten Sie übrigens tunlichst nicht verwechseln, sonst kann die ganze Angelegenheit gefährlich enden. Denn wenn erst mal der Henker involviert ist, können Sie zusehen, wie Sie Ihren Kopf wieder aus der Schlinge herausbekommen.

Falsch	Richtig
Sie **hing** den Rock auf den Bügel.	Sie **hängte** den Rock auf den Bügel.
Ein Dunstschleier **hängte** über der Stadt.	Ein Dunstschleier **hing** über der Stadt.
Das Mädchen **hat** sich die Tasche über die Schulter **gehangen**.	Das Mädchen **hat** sich die Tasche über die Schulter **gehängt**.
Eine Haarsträhne **hängte** ihr ins Gesicht.	Eine Haarsträhne **hing** ihr ins Gesicht.

sowohl deutsche als auch Lehn- und Fremdwörter) vorsetzt. Darum sollten Sie es bei Helden mit Wilhelm Busch halten:

♦ **Regeln sind nicht stets parat,**
man schreibt, auch wenn man keine hat.

Als einziger Trost bleibt Ihnen die Gewissheit, dass der Held sich in guter Gesellschaft befindet, denn da tummelt sich neben Konkurrenten, Dozenten, Doktoranden, Kommandanten, Repräsentanten, Narren, Prokuristen, Fabrikanten, Intendanten auch der Präsident, der es ebenfalls nicht schätzt, wenn man ihn nicht dekliniert. Da Sie gewiss ausgerechnet vor einem Staatsoberhaupt keine wahre Heldentat vollbringen wollen, sollten Sie sich schleunigst auch im grammatikalischen Sinne vor dem Herrn Präsidenten verbeugen, indem Sie ihn korrekt beugen.
Und ansonsten bleibt Ihnen nur eines, wenn Ihnen die deutsche Sprache lieb und teuer ist: Im Zweifelsfall nachschlagen, der Duden verschafft Ihnen rasch Gewissheit, wie man am Beispiel unseres Helden erkennen kann.

♦ **Held,** der; -en, -en

Übersetzt heißt das so viel wie: Held ist ein männliches Substantiv, weil es den maskulinen Artikel »der« hat, im Genitiv heißt es Held**en**, der Nominativ Plural lautet ebenfalls Held**en**.
So, das wäre geschafft. Jetzt können Sie sich stolz in die Heldenbrust werfen und allen Ihre künftigen grammatikalischen Heldentaten verkünden. Viel Spaß dabei!

Falsch	Richtig
Siggi mag es gar nicht, wenn ich ihn einen **Held** nenne.	Siggi mag es gar nicht, wenn ich ihn einen **Helden** nenne.
Der Chirurg war nach der OP völlig erschöpft, er hatte zum ersten Mal am offenen **Herz** operiert.	Der Chirurg war nach der OP völlig erschöpft, er hatte zum ersten Mal am offenen **Herzen** operiert.

Falsch	Richtig
Die alte Dame hebt nicht gerne Geld am **Automat** ab, denn sie möchte den Plausch mit dem Bankangestellten am Schalter nicht missen.	Die alte Dame hebt nicht gerne Geld am **Automaten** ab, denn sie möchte den Plausch mit dem Bankangestellten am Schalter nicht missen.
Das neue Stadion wurde in einer feierlichen Zeremonie mit einer Ansprache von dem **Herrn Präsident** Alfons Huber eingeweiht.	Das neue Stadion wurde in einer feierlichen Zeremonie mit einer Ansprache von dem **Herrn Präsidenten** Alfons Huber eingeweiht.
Die Heiligen Drei Könige machten sich auf den Weg zum Stall nach Bethlehem, nachdem sie den **Komet** gesehen hatten.	Die Heiligen Drei Könige machten sich auf den Weg zum Stall nach Bethlehem, nachdem sie den **Kometen** gesehen hatten.
Das Ohr des **Ochs** war voller Blut. Offenbar hatte er sich am Elektrozaun verletzt.	Das Ohr des **Ochsen** war voller Blut. Offenbar hatte er sich am Elektrozaun verletzt.
Die ganze Nacht tanzte Aschenputtel mit dem **Prinz**.	Die ganze Nacht tanzte Aschenputtel mit dem **Prinzen**.
Sie müssen unbedingt den **Prokurist** zur Rede stellen.	Sie müssen unbedingt den **Prokuristen** zur Rede stellen.
Die Aufgabe entspricht nicht seinem **Intelligenzquotient**.	Die Aufgabe entspricht nicht seinem **Intelligenzquotienten**.

Hilfe

Sollten Sie in naher oder ferner Zukunft zufällig als Erster an einer grammatikalischen Unfallstelle mit einem oder mehreren Schwerverletzten vorbeikommen, raten wir ihnen: Helfen Sie auch dann, wenn die oder der Verwundete aus vollem Halse **»Zur Hilfe!«** ruft. Bitte schalten Sie Ihre Ohren auf Durchzug und

belehren Sie das Unfallopfer nicht erst über die Tiefen und Untiefen der deutschen Sprache im Allgemeinen und Besonderen und halten Sie ihm auch keinen Vortrag über die unrechtmäßige Verwendung von **zur Hilfe** anstelle des korrekten **zu Hilfe** eilen, kommen oder rufen. Sondern handeln Sie. Und zwar sofort!
Hier gilt nämlich das Gleiche wie im echten Notfall, nicht viele Worte, sondern Taten sind gefragt. Bevor der Grammatiknotarzt eintrifft, sollten Sie schon mal die wichtigsten Erste-Hilfe-Maßnahmen ergreifen. Sie erinnern sich dunkel? Stabile Seitenlage, Füße hoch, Mund-zu-Mund-Beatmung und so – das hilft auch gegen akuten Grammatikschock. Nur eingreifen sollten Sie auf alle Fälle, sonst werden Sie womöglich noch wegen eines überflüssigen **R** der unterlassenen Hilfeleistung bezichtigt und vor den Kadi geschleppt. Und das wäre dann wirklich unrechtmäßig.

Falsch	Richtig
Zur Hilfe! Zur Hilfe! Im dritten Stock brennt es, da dringt schon Rauch aus dem Küchenfenster.	**Zu Hilfe! Zu Hilfe!** Im dritten Stock brennt es, da dringt schon Rauch aus dem Küchenfenster.
Obwohl die Sekretärin die Arbeit, die ihr der Chef gerade hingelegt hatte, unmöglich bis zum Abend schaffen konnte, kam ihr die Kollegin nicht **zur Hilfe**.	Obwohl die Sekretärin die Arbeit, die ihr der Chef gerade hingelegt hatte, unmöglich bis zum Abend schaffen konnte, kam ihr die Kollegin nicht **zu Hilfe**.
Als er sah, dass der kleine Junge mit seinem Fahrrad gestürzt war und sich das Knie aufgeschlagen hatte, eilte er sofort **zur Hilfe**.	Als er sah, dass der kleine Junge mit seinem Fahrrad gestürzt war und sich das Knie aufgeschlagen hatte, eilte er sofort **zu Hilfe**.
Peter rief seine Frau **zur Hilfe**, weil er die schwere Kiste nicht alleine die Kellertreppe hinuntertragen konnte.	Peter rief seine Frau **zu Hilfe**, weil er die schwere Kiste nicht alleine die Kellertreppe hinuntertragen konnte.

hindern

Auch wenn wir uns mit dem Thema Negation in Verbindung mit bestimmten Verben in diesem Buch noch an anderer Stelle beschäftigen, etwa unter → **bevor** oder → **nicht**, sollte diese Tatsache Sie nicht daran hindern, sich das alltägliche Grammatikchaos im Zusammenhang mit **hindern** noch einmal zu vergegenwärtigen. Schaden wird es mit Sicherheit nicht, wenn Sie Ihr Gedächtnis auf diese Art und Weise mehrfach trainieren.

Die Regel ist eingängig und dürfte Ihnen im Grunde keine Schwierigkeiten bereiten: Folgt im Anschluss an das Verb **hindern** eine Infinitivgruppe oder ein Nebensatz, so darf dieser unter keinen Umständen eine Negation beinhalten. Sprich: Das Wörtchen **nicht** hat darin nicht aufzutauchen!

Sie fragen sich warum? Ganz einfach: weil **hindern**, genauso wie zum Beispiel auch die Verben **untersagen**, **verbitten** oder **verbieten**, schon eine negative Aussage beinhaltet.

So wie es besser als → **optimal** nun mal nicht geht, so ist auch eine Verneinung in der Regel genug. Lassen Sie sich also bitte nicht von ein paar Pessimisten, denen es nicht negativ genug sein kann, daran hindern, die deutsche Sprache korrekt anzuwenden.

Falsch	Richtig
Sie **hinderte** ihn daran, **nicht** noch tiefer ins Wasser zu gehen, da er nicht richtig schwimmen konnte.	Sie **hinderte** ihn daran, noch tiefer ins Wasser zu gehen, da er nicht richtig schwimmen konnte.
Die nasse Fahrbahn **hinderte** die Rennfahrer nicht daran, **nicht** noch mehr Gas zu geben.	Die nasse Fahrbahn **hinderte** die Rennfahrer nicht daran, noch mehr Gas zu geben.
Der gut gemeinte Rat des Professors **hinderte** den ehrgeizigen Studenten nicht, sich **nicht** noch für ein weiteres Referat zu melden.	Der gut gemeinte Rat des Professors **hinderte** den ehrgeizigen Studenten nicht, sich noch für ein weiteres Referat zu melden.

Falsch	Richtig
Die Kindergärtnerin **hinderte** den Jungen daran, **nicht** noch mehr Süßigkeiten zu essen.	Die Kindergärtnerin **hinderte** den Jungen daran, noch mehr Süßigkeiten zu essen.

höchstens nur

♦ **Klingt gut, ist aber überflüssig.**

Ähnlich wie bei **bereits schon** steckt auch bei **höchstens nur** das eine in dem anderen, also das **höchstens** in dem **nur** bereits drin. Sie können also getrost eines von beiden bei dieser (um die Sache mal beim Namen zu nennen) überflüssigen Häufung sinnverwandter oder sinngleicher Wörter weglassen!
Wenn Sie sich erst einmal bewusst gemacht haben, dass Sie hier mit Tautologien jonglieren, dürfte es Ihnen im Grunde nicht weiter schwer fallen, das grammatikalische Übel frei nach dem Motto »Feind erkannt, Feind gebannt« aus der Welt zu schaffen. Sollten Sie allerdings zu denjenigen gehören, die grundsätzlich alles lieber aufheben (schließlich weiß man nie, wofür man es noch brauchen könnte), dann haben Sie ein Problem: Sie können nicht loslassen – und wenn's nur überflüssige Wörter sind.
Bevor Sie sich jetzt jedoch beim nächstbesten Psychiater zur Therapie anmelden, sollten Sie es mal mit Sprach-Meditation oder Grammatik-Yoga für Einsteiger versuchen.
Ähnlich überflüssig sind übrigens Negationen, die zusätzlich verneint werden, wie bei Konstruktionen mit ➜ **bevor**, Formulierungen mit dem Verb ➜ **hindern** oder andere sprachliche Großbaustellen mit dem schönen Namen Pleonasmus, beispielsweise ➜ **neu renovierte** Wohnungen. Wenn Sie von diesem Eintrag also noch nicht ausreichend verwirrt sind, lesen Sie bitte dort noch einmal nach. Ganz zu schweigen von Formulierungen wie **meistens nie** und **immer manchmal**, die sich gar gegenseitig aufheben – die braucht nun wirklich niemand nicht.

Falsch	Richtig
Es war so ungerecht, dass Marie die Strafarbeit aufgebrummt bekam, sie hatte **höchstens nur** einmal mit ihrer Banknachbarin geschwätzt.	Es war so ungerecht, dass Marie die Strafarbeit aufgebrummt bekam, sie hatte **höchstens/nur** einmal mit ihrer Banknachbarin geschwätzt.
Als die Mutter am Abend von der Arbeit nach Hause kam, hatte die Haushälterin das Essen **bereits schon** gekocht.	Als die Mutter am Abend von der Arbeit nach Hause kam, hatte die Haushälterin das Essen **bereits/schon** gekocht.
Emily, Lisa, Sina und Corinne waren **ebenso wie auch** Lydia und Diana beim Song-Contest eine Runde weiter gekommen.	Emily, Lisa, Sina und Corinne waren **ebenso wie/wie auch** Lydia und Diana beim Song-Contest eine Runde weiter gekommen.
Sie versicherten **einander gegenseitig** ihre Liebe.	Sie versicherten **einander/sich gegenseitig** ihre Liebe.
Zu unserem Bedauern müssen wir Ihnen **leider** mitteilen, dass Sie bei unserem Preisausschreiben nicht gewonnen haben.	**Zu unserem Bedauern/Leider** müssen wir Ihnen mitteilen, dass Sie bei unserem Preisausschreiben nicht gewonnen haben.
Sie kochte **meistens oft** Spaghetti mit Tomatensoße, weil die Kinder das so gerne aßen.	Sie kochte **meistens/oft** Spaghetti mit Tomatensoße, weil die Kinder das so gerne aßen.

-ig/-isch/-lich → verständig/verständlich

Imperativ → vergess/vergiss

indirekte Rede → nähme/nehme

jeher

Auf der Beliebtheitsskala der dööfsten Deutschfehler ganz oben steht seit Jahr und Tag, also im Grunde schon immer, das Adverb **jeher** in Verbindung mit der Präposition **seit**. Warum das so ist, weiß der Himmel, jedenfalls ist es falsch. Wenn Sie unbedingt das Wörtchen **seit** verwenden wollen, so sagen Sie bitte **seit je**. Das lässt die Grammatikbehörde nämlich gerade noch so durchgehen. **Jeher** im Sinne von »schon immer« muss jedenfalls schon immer mit der Präposition **von** stehen. Und das hätten Sie sich schon längst merken können. Stattdessen machen Sie sich munter der Verseuchung Ihrer Grammatikumwelt schuldig, indem Sie eine Kontamination nach der anderen von sich geben, und haben noch nicht mal ein schlechtes Gewissen. Also wirklich!

Dabei ist es so einfach: Seit je tut nicht weh, seit jeher tut ungleich weher. Sollte dieser Reim-dich-oder-ich-fress-dich-Satz Ihnen Schmerzen bereiten, so lassen Sie sich bitte ein → **Antibiotikum** verschreiben.

Falsch	Richtig
Wieso willst du das denn ändern? Das haben wir doch **seit jeher** so gemacht.	Wieso willst du das denn ändern? Das haben wir doch **von jeher/ seit je** so gemacht.
Seit jeher benutzen wir diese Wundsalbe und sie hat bisher immer sehr gut geholfen.	**Von jeher/Seit je** benutzen wir diese Wundsalbe und sie hat bisher immer sehr gut geholfen.
Elkes Eltern fahren **seit jeher** über Pfingsten an die Nordsee.	Elkes Eltern fahren **von jeher/ seit je** über Pfingsten an die Nordsee.

jener

Das Pronomen **jener** ist besonders tückisch, denn es lädt gleich zu mehreren Fehlern ein. Vielleicht schaffen Sie es ja, sich für den Anfang auf die Bekämpfung einer der Tücken von **jener** zu beschränken und sich danach langsam zu steigern. Schließlich wollen wir nicht, dass Sie sich zu eifrig in die Sache stürzen, einen schmerzhaften Grammatikmuskelkater davontragen und sich daraufhin erst mal eine Weile gar nicht mehr an die Stolpersteine der deutschen Sprache heranwagen.
Grundsätzlich gelten im Umgang mit dem Demonstrativpronomen **jener** die folgenden Gesetzmäßigkeiten:

- **Jener** wird immer stark gebeugt, und zwar ohne Wenn und Aber.
- Folgt auf **jener** ein Adjektiv, so wird es grundsätzlich schwach gebeugt.
- **Jener** kann leider kein Personalpronomen ersetzen, so gern es das auch manchmal möchte.
- **Jener** darf auch nicht anstelle von »der« (wenn es hinweisend gebraucht wird) oder »derjenige« stehen.

Halten Sie es also lieber mit der Methode »steter Tropfen höhlt den Stein« und arbeiten Sie sich langsam vor. Sie werden sehen: Auch grammatikalisches Ausdauertraining wird belohnt – und hält bedeutend länger vor als viele kurze Sprachsprints, bei denen Ihnen nur vorschnell die Luft ausgeht.

Falsch	Richtig
Ende **jenen** Semesters bin ich durch zwei Prüfungen gefallen, dabei habe ich vorher so viel gelernt.	Ende **jenes** Semesters bin ich durch zwei Prüfungen gefallen, dabei habe ich vorher so viel gelernt.

Falsch	Richtig
Die Farbkomposition **jenen** Bildes sagte dem Künstler plötzlich nicht mehr zu, und so übermalte er es komplett.	Die Farbkomposition **jenes** Bildes sagte dem Künstler plötzlich nicht mehr zu, und so übermalte er es komplett.
Mit **jenem verschlissenem** Konfirmationsanzug kann Karl unmöglich zur Hochzeit seines besten Freundes gehen.	Mit **jenem verschlissenen** Konfirmationsanzug kann Karl unmöglich zur Hochzeit seines besten Freundes gehen.
Paulchen bekam zur Strafe Hausarrest, obwohl **jener** die Scheibe gar nicht kaputtgemacht hatte.	Paulchen bekam zur Strafe Hausarrest, obwohl **er** die Scheibe gar nicht kaputtgemacht hatte.
Dank **jener schneller** Hilfe konnte die Katastrophe vermieden werden.	Dank **jener schnellen** Hilfe konnte die Katastrophe vermieden werden.
Das sind Katrins Kinder und **jene** ihrer Schwester.	Das sind Katrins Kinder und **die** ihrer Schwester.
Jener, der die Mülltonne hat offen stehen lassen, sollte selbst zwei Tage dem Gestank ausgesetzt werden.	**Derjenige**, der die Mülltonne hat offen stehen lassen, sollte selbst zwei Tage dem Gestank ausgesetzt werden.
Jener, der mein Auto angefahren hat, möge sich bitte umgehend bei mir unter der folgenden Telefonnummer melden.	**Derjenige**, der mein Auto angefahren hat, möge sich bitte umgehend bei mir unter der folgenden Telefonnummer melden.
Aurelia wird ständig ermahnt, obwohl **jene** immer ganz brav ist.	Aurelia wird ständig ermahnt, obwohl **sie** immer ganz brav ist.

Katheder/Katheter

Wenn diese beiden Wörter im falschen Moment miteinander verwechselt werden, kann das äußerst schmerzhafte Folgen haben. Spätestens wenn die blutjunge und unerfahrene Schwesternhelferin im städtischen Krankenhaus versucht, dem frisch operierten Tennisspieler einen **Katheder** (Podium, Lehrerpult) statt eines **Katheters** (Röhrchen) zu legen, sollte er sämtliche Schmerzen und Hindernisse ignorierend die Beine in die Hand nehmen und in die nächste Privatklinik fliehen. Sonst wird es nämlich noch schlimmer kommen.

Denken Sie daher bei **Katheter**, also der Variante mit **t**, zukünftig immer an den armen **T**ennisspieler, und schon werden Sie's für alle Zeiten richtig machen. Und unsere fränkischen, vorderpfälzischen und sächsischen Mitbürger, vor allem wenn sie mit einem Pflegeberuf liebäugeln, feilen bitte noch ein bisschen an ihrer allzu weichen Aussprache, damit es im Ernstfall nicht zu unschönen Szenen wie der oben geschilderten kommt.

Beispielsätze brauchen Sie hierfür jetzt hoffentlich keine mehr, oder?

kein

Bei dem Indefinitpronomen **kein** haben Sie es keineswegs nur mit einer einzigen grammatikalischen Hürde zu tun. Dann wäre ja einmal im wahrsten Sinne des Wortes keinmal und dieser Eintrag verlöre seine Berechtigung als ein erwähnenswerter döøfster Deutschfehler. Doch zum Glück – oder Unglück, wie Sie es nehmen – gibt es gleich mehrere Fallen, die hinter allen möglichen Sätzen und Formulierungen nur darauf warten, dass Sie hineintappen, damit sie zuschnappen können.

- Mit dem Wörtchen **kein** lassen sich Substantive verneinen, aus »ein Auto« kann also schon mal »kein Auto« werden; lediglich bei Personennamen gilt diese Regel nicht.

- Wird ein Vergleich mit Hilfe des Indefinitpronomens **kein** ausgedrückt, so muss der Vergleichspartikel **als** und nicht »wie« stehen.
- Folgt auf **kein** ein Relativsatz, so ist das sich anschließende Relativpronomen entweder **der**, **die** oder **das**, nicht »welcher«, »welche« oder »welches«.
- Wird **kein** in einem Satz gebeugt und folgt anschließend ein Adjektiv oder Partizip, so wird dieses schwach und nicht stark gebeugt.

Sagen Sie jetzt nicht, das sei Ihnen alles zu viel und Sie hätten keine Lust. Das können wir Ihnen leider weder in **keinster** Weise noch **keinstenfalls** durchgehen lassen. Das ist nämlich beides weder moralisch noch grammatikalisch → **optimal**.
Und falls Sie vorhaben, nach **kein** eine Verneinung einzubauen, so raten wir Ihnen dringend, dies zu unterlassen, die Folgen sind nämlich → **nicht** absehbar.

Falsch	Richtig
Ich bin entsetzt, dass er das Kind beim Einkaufen im Auto gelassen hat. Das kann man doch in **keinster** Weise verantworten.	Ich bin entsetzt, dass er das Kind beim Einkaufen im Auto gelassen hat. Das kann man doch in **keiner** Weise verantworten.
Es gab **keinen, welcher** nicht über die gelungenen Pointen des Kabarettisten lachte.	Es gab **keinen, der** nicht über die gelungenen Pointen des Kabarettisten lachte.
Leider gab es **keine frische** Oliven mehr. Jens musste daher welche aus dem Glas kaufen.	Leider gab es **keine frischen** Oliven mehr. Jens musste daher welche aus dem Glas kaufen.
Für das junge Paar kam **keine** andere Kindertagesstätte in Frage **wie** diese.	Für das junge Paar kam **keine** andere Kindertagesstätte in Frage **als** diese.

Falsch	Richtig
Das ist **kein** Thorsten. Den Mann kenne ich nicht.	Das ist **nicht** Thorsten. Den Mann kenne ich nicht.

Kiefer

Das Wort **Kiefer** ist ein waschechtes Homonym, denn es gibt zwei in der Schreibweise und Aussprache absolut identische Substantive, die jedoch nichts, aber auch gar nichts miteinander zu tun haben. Sie sind nämlich nicht nur verschiedenen Geschlechts, sondern haben auch völlig verschiedene Bedeutungen: Zum einen ist **der Kiefer** ein Schädelknochen, zum anderen ist **die Kiefer** ein Nadelbaum.

Während Ihnen die Unterscheidung der jeweiligen Bedeutungen mit Sicherheit keine Probleme bereitet, gibt es im Gebrauch der beiden Wörter durchaus ein paar versteckte Spitzen, die mindestens so sehr pieksen können wie Kiefernnadeln.

Die leichtere Übung besteht darin, die Pluralformen der beiden Substantive auseinander zu halten. Bei dem Nadelbaum lautet die Mehrzahl **Kiefern**, beim Schädelknochen wie im Singular **Kiefer**. Schwieriger wird es da schon bei den Komposita, doch wenn Sie sich die beiden Pluralformen gemerkt haben, kann eigentlich auch hier nichts mehr schief gehen. Denn daran orientieren sich die zusammengesetzten Wörter: beim **N**adelbaum mit **n** in der Mitte (das können Sie sich garantiert merken, wetten?), beim Schädelknochen ohne.

Und selbst wenn Sie es trotz der schönen Alliteration wieder vergäßen, sehen Sie doch nur mal genau hin. Während sich Kieferwald ja noch ganz nett anhört, klingt Kiefer**n**bruch eher irgendwie komisch, ein bisschen wie Brat**s**kartoffeln eben. (Sollten Sie sich dafür interessieren, so können wir Ihnen zwar keine Rezepte, aber immerhin ein → **Staatsgeheimnis** anbieten.) Und dass in der Kiefer**n**klinik keine Patienten mit Zahnschmerzen, sondern Nadelbäume behandelt werden, merken Sie spätestens, wenn Sie mit geschwollener Backe vor verschlossenen Türen stehen. Also denken Sie doch einfach bei der nächsten Kieferhöhlenentzündung daran: Wäre es eine Kiefer**n**höhlenentzündung, käme zu den Schmerzen auch noch ein unschöner Nadelgeschmack hinzu. Und das können Sie unmöglich wollen, oder?

Falsch	Richtig
Sie sammelten eine ganze Tüte voll **Kieferzapfen**, als sie im Wald spazieren gingen.	Sie sammelten eine ganze Tüte voll **Kiefernzapfen**, als sie im Wald spazieren gingen.
Zwar hatte er den Boxkampf gewonnen, doch trug er einen komplizierten **Kiefernbruch** davon.	Zwar hatte er den Boxkampf gewonnen, doch trug er einen komplizierten **Kieferbruch** davon.
La Palma ist die grünste der Kanarischen Inseln, dort gibt es unter anderem einen traumhaften **Kieferwald**.	La Palma ist die grünste der Kanarischen Inseln, dort gibt es unter anderem einen traumhaften **Kiefernwald**.
Der junge Zahnarzt arbeitet aushilfsweise in einer **Kiefernklinik**, da er die Praxis seines Vaters erst in drei Monaten übernehmen kann.	Der junge Zahnarzt arbeitet aushilfsweise in einer **Kieferklinik**, da er die Praxis seines Vaters erst in drei Monaten übernehmen kann.
Unsere neuen Wohnzimmermöbel sind aus geöltem **Kieferholz**.	Unsere neuen Wohnzimmermöbel sind aus geöltem **Kiefernholz**.

kommen/kommen würde

Der Konjunktiv gehört eindeutig zu den Sorgenkindern der deutschen Grammatik. Irgendwie wird er von niemandem so recht gemocht und alle versuchen bei jeder sich bietenden Gelegenheit,

ihn zu umgehen. Das macht den Konjunktiv natürlich sehr traurig und er hat sich wie der Genitiv in den letzten Jahren mehr und mehr zurückgezogen. An gesellschaftlichen Anlässen nimmt er so gut wie gar nicht mehr teil, denn seit längerem gehört es nicht mehr zum guten Ton, ihn korrekt anzuwenden.
Dieser Zustand ist in höchstem Maße Besorgnis erregend, und so möchten wir Sie an dieser Stelle inständig bitten, den Konjunktiv wieder in Ihren Wortschatz aufzunehmen.
Nur keine Angst, das ist im Grunde ganz einfach, wenn Sie nur Folgendes beachten:

- Der Konjunktiv I, der grundsätzlich im Präsens steht, wird vor allem in der **indirekten Rede** (→ **nähme/nehme**), bei irrealen Vergleichen sowie zur Äußerung von Wünschen gebraucht.
- Den Konjunktiv II, der immer in der Vergangenheit steht, benutzt man zur Kennzeichnung vor irrealen Vergleichen oder Vorstellungen. Er wird ebenfalls eingesetzt, um eine übermittelte Aussage anzuzweifeln oder wenn der Konjunktiv I nicht eindeutig zu erkennen ist.
- Die Ersetzung von Konjunktiv I oder II durch **würde** in Verbindung mit einem Infinitiv sollte möglichst vermieden werden, nicht umsonst heißt es so schön: Würde-Sätze sind würdelos. Allerdings gibt es auch hier Ausnahmen, etwa wenn der Konjunktiv nicht eindeutig zu erkennen ist, wenn man etwas Zukünftiges ausdrücken möchte, das noch nicht eingetreten ist, oder wenn die Formen des Konjunktivs II als veraltet gelten.

Seien Sie gewiss, der Konjunktiv wird es Ihnen danken, mit zahlreichen wunderbaren, garantiert würdevollen Formulierungen.

Falsch	Richtig
Er behauptete einfach, ich **habe** ihm nicht zugehört. Dabei stimmt das gar nicht.	Er behauptete einfach, ich **hätte** ihm nicht zugehört. Dabei stimmt das gar nicht.

Falsch	Richtig
Juliane behauptete steif und fest, sie **habe** gestern bei mir geklingelt, dabei war ich die ganze Zeit zu Hause und es hat nicht geläutet.	Juliane behauptete steif und fest, sie **hätte** gestern bei mir geklingelt, dabei war ich die ganze Zeit zu Hause und es hat nicht geläutet.
Ich wünschte, ich **habe** genug Geld, um mir ein Segelboot zu kaufen!	Ich wünschte, ich **hätte** genug Geld, um mir ein Segelboot zu kaufen!
Georg sagt, er **ist** gestern mal wieder zu spät gekommen.	Georg sagt, er **sei** gestern mal wieder zu spät gekommen.
Sie erzählte, ihre Mutter **würde** sonntags immer ihr Lieblingsgericht **kochen**.	Sie erzählte, ihre Mutter **koche** sonntags immer ihr Lieblingsgericht.

kompetente Optikerin

Nehmen wir mal an, Sie sind ein kleiner Schussel und haben innerhalb weniger Monate schon die dritte Brille in ihre Einzelteile zerlegt – etwa weil sie Ihnen andauert von der Nase fällt oder Sie sich gerne aus Versehen draufsetzen. Im Brillenfachgeschäft Ihres Vertrauens schlägt Ihnen die Verkäuferin in ihrer, wie sie es nennt, »Eigenschaft **als kompetenter Optikerin**« vor, statt der vierten Brille in diesem Jahr doch mal Kontaktlinsen auszuprobieren. Was tun? Den Sachverstand der Dame in Zweifel ziehen?

Keine Sorge, Sie dürfen der Verkäuferin ruhig trauen, auch wenn die von ihr gewählte Formulierung aus grammatikalischer Sicht einen leichten Knick in der Optik hat. Schließlich wird sie für ihr Wissen in ihrer Eigenschaft **als kompetente Optikerin** bezahlt und nicht als Deutschlehrerin.

Kaufen Sie also ruhig die Kontaktlinsen, doch merken Sie sich im Umgang mit Attributen (Beifügungen) für alle Fälle Folgendes:

- Gehen einem Substantiv mehrere Attribute voraus, so steht das Attribut zu einem attributiven Partizip oder Adjektiv stets an erster Stelle. Also: »mit **vor Ärger grünem** Gesicht« statt »mit **grünem Gesicht vor** Ärger«.
- Wird ein Attribut mit »als« angeschlossen, so muss man es immer in denselben Kasus setzen, in dem es auch in der jeweiligen Satzaussage steht. »Das Mädchen gilt **als ewiger Angsthase**.« – »Die Sorge des **als ewiger Angsthase** geltenden Mädchens war unbegründet.«
- Mit »als« angeschlossene Berufsbezeichnungen stehen stets im Nominativ und sind nicht an den Kasus des Bezugswortes gebunden.

Gelegentlich wird bei Attributen noch aus ganz anderen Gründen übers Ziel hinausgeschossen, und so ist schon mal von fünfköpfigen Familienvätern, kandierten Mandelverkäufern, vierstöckigen Hausbesitzern oder frischen Blumenhändlern die Rede. Aber das hat mit Ihren neuen Kontaktlinsen nun wahrlich nichts zu tun und sei daher nur am Rande erwähnt.

Falsch	Richtig
Mit **glänzenden Augen vor Spannung** erwartete die junge Tänzerin die Bekanntgabe der Finalisten.	Mit **vor Spannung glänzenden Augen** erwartete die junge Tänzerin die Bekanntgabe der Finalisten.
Die Schuld des **als ewigen Raufbolds** bekannten Jungen war zweifelsfrei bewiesen.	Die Schuld des **als ewiger Raufbold** bekannten Jungen war zweifelsfrei bewiesen.

Falsch	Richtig
Julian kam weinend nach Hause. Außer ihm war noch ein anderer **als Hasen** verkleideter Junge auf der Faschingsparty gewesen.	Julian kam weinend nach Hause. Außer ihm war noch ein anderer **als Hase** verkleideter Junge auf der Faschingsparty gewesen.
Eva ist in ihrem Ehrenamt überfordert, sie wird ihrer Stellung **als Ausländerbeauftragter** nicht gerecht.	Eva ist in ihrem Ehrenamt überfordert, sie wird ihrer Stellung **als Ausländerbeauftragte** nicht gerecht.

Konditionalgefüge ➜ nähme/nehme

Kongruenz ➜ er oder ich/er und ich

Konjunktiv ➜ nähme/nehme und ➜ kommen/ kommen würde

Kontamination ➜ jeher und ➜ zumindest/mindestens/ zum mindesten

kühles bayerisches Bier

So ein kühles, anständig gezapftes Bier, am besten noch auf dem Münchner Oktoberfest bei zünftiger Blasmusik und mit einem kross gebratenen Hend'l, ist schon was Feines. Bekanntlich hapert es in dem einen oder anderen Festzelt bei großem Andrang jedoch manchmal mit dem anständigen Zapfen. Wenn statt **kühlem, bayerischem Bier** mit verführerischer Schaumkrone allerdings eine halbe Stunde später ein nur halb voller Krug mit **warmem, abgestandenen Bier** vor Ihnen steht, dann können Sie die Schuld jedoch – leider – nicht immer nur dem Wirt in die Schuhe schieben.

Lag es tatsächlich am Wirt, der in der Eile zu früh nach dem nächsten Maßkrug gegriffen und damit den Eichstrich um einen halben Liter verfehlt hat, sorgt eine sofortige Beschwerde bei der Bedienung für Abhilfe.

Meist ist die Ursache hingegen grammatikalischer Natur, und zwar:

- Wenn vor einem Substantiv mehrere Partizipien oder Adjektive stehen, so werden diese immer parallel, also gleich gebeugt.
- Dies gilt auch dann, wenn das erste der beiden Partizipien oder Adjektive von einer Präposition abhängt und daher im Dativ Singular stehen muss, und zwar egal, ob zwischen den beiden ein Komma steht oder nicht. Es heißt also **warmem, abgestandenem Bier** und nicht wie oben **warmem, abgestandenen Bier**.
- Steht dagegen ein Partizip oder Adjektiv als Attribut vor einem anderen Partizip oder Adjektiv, so darf es nicht gebeugt werden.
- Wird ein ungebeugtes Partizip oder Adjektiv, das der näheren Bestimmung eines anderen Partizips oder Adjektivs dient, in eine Personenbezeichnung umgewandelt, so bleibt es ungebeugt. Aus jemandem, der künstlerisch begabt ist, wird demnach ein **künstlerisch Begabter** und nicht ein **künstlerischer Begabter**.
- Steht nur ein Adjektiv, und zwar im Genitiv Singular, vor einem Substantiv, so wird es schwach gebeugt, lediglich bei Fügungen wie **reines Herzens** darf noch stark gebeugt werden.
- Steht das Partizip oder Adjektiv nach einem Possessivpronomen, so wird es stark gebeugt, wenn das Pronomen endungslos ist, das gilt vor allem auch für »unser« und »euer«.

Sie sollten daher schnellstens, idealerweise bis zum Beginn des nächsten Oktoberfestes, die Besonderheiten der Adjektivdeklination verinnerlichen. Denn nur dann können Sie Ihr nächstes kühles Bier auch garantiert ohne Ärger genießen. Ein Prosit der Gemütlichkeit – und der Adjektivbeugung gleich mit!

Falsch	Richtig
Nach **langem, quälenden** Zögern willigte die Ehefrau endlich in die Scheidung ein.	Nach **langem, quälendem** Zögern willigte die Ehefrau endlich in die Scheidung ein.
Frohes Mutes machte Cornelia sich an die Arbeit. Sie wollte bis zum frühen Abend damit fertig sein.	**Frohen Mutes** machte Cornelia sich an die Arbeit. Sie wollte bis zum frühen Abend damit fertig sein.
Die **chronischen Kranken** wurden in eine andere Abteilung verlegt.	Die **chronisch Kranken** wurden in eine andere Abteilung verlegt.
Der Urlaub war wunderbar. Wir hatten **herrliche klare** Luft.	Der Urlaub war wunderbar. Wir hatten **herrlich klare** Luft.
Unseren von allen Streikenden **unterschriebener** Brief werde ich heute noch an den Betriebsrat weiterleiten.	**Unseren** von allen Streikenden **unterschriebenen** Brief werde ich heute noch an den Betriebsrat weiterleiten.

küssen

Was Sie beim Küssen alles so zu beachten haben, haben Sie im Laufe Ihres (Liebes-)Lebens hoffentlich autodidaktisch mit Ihrem jeweiligen Partner erarbeitet – da kann Ihnen dieses Buch nämlich leider nicht weiterhelfen. Wollen Sie jedoch mehr über den korrekten grammatikalischen Gebrauch des Verbs **küssen** erfahren, so sind Sie hier genau richtig.

Im Allgemeinen gilt:

- Steht der zu küssende Körperteil im Akkusativ, so muss die zugehörige Person stets im Dativ stehen.
- Wird dagegen der zu küssende Körperteil als Raumangabe verstanden, so steht die zugehörige Person im Akkusativ.

Wenn Sie diese Regeln beherzigen, sind Sie gegen peinliche Kusspannen – zumindest in Wort und Schrift – erst einmal gefeit. Das Schlimmste, was Ihnen jetzt noch passieren kann, ist unfreiwillige Komik in Sätzen wie: »Martin schloss die Tür und küsste sie innig.« Aus grammatikalischer Sicht gibt es hier zwar nichts weiter zu beanstanden, Martins Freundin Johanna dagegen wird einen Eifersuchtsanfall nur schwer unterdrücken können, wenn er vor ihren Augen die Tür abküsst. Aber er wird die gute Johanna hoffentlich schnell mit einem Kuss besänftigen können.

Falsch	Richtig
Hat er das nicht wieder super hinbekommen? Dafür gehören **ihn** die Füße **geküsst**.	Hat er das nicht wieder super hinbekommen? Dafür gehören **ihm** die Füße **geküsst**.
Als der Prinz Schneewittchen leblos in ihrem Sarg liegen sah, öffnete er den Deckel und **küsste ihr** zärtlich auf die Stirn.	Als der Prinz Schneewittchen leblos in ihrem Sarg liegen sah, öffnete er den Deckel und **küsste sie** zärtlich auf die Stirn.
Trifft der Eskimomann seine Eskimofrau, **küsst** er **ihr** zur Begrüßung auf die Nase.	Trifft der Eskimomann seine Eskimofrau, **küsst** er **sie** zur Begrüßung auf die Nase.

laden

Das Verb **laden** ist ein äußerst freundlicher und großzügiger Gastgeber, der stets recht herzlich zu falschem Gebrauch einlädt.

Nicht wenige Anwender der deutschen Sprache nehmen die freundliche Einladung gerne an und vertauschen munter die beiden Homonyme, was vor allem bei der Verwendung der konjugierten Formen unangenehm auffällt. Da riskieren Sie schon mal die ein oder andere hochgezogene Augenbraue Ihres Gegenübers beim gepflegten Smalltalk.
Allerdings müssen Sie sich ja nicht gleich alle Fehler auf die Schulter laden, es reicht, wenn Sie energiegeladen an die Sache herangehen und sich die folgenden Regeln gut durchlesen:

- **Laden** im Sinne von »aufladen« und **laden** im Sinne von »einladen« werden unregelmäßig konjugiert **(laden, lud, hat geladen).**
- Lediglich für **laden** im Sinne von »einladen« existieren zusätzlich in der zweiten und dritten Person Singular Indikativ Präsens die Formen du **ladest** und er, sie, es **ladet**.
- Das Imperfekt darf bei beiden Verben nicht **ladete** statt **lud** und das 2. Partizip nicht **geladet** statt **geladen** heißen.

So, damit dürften Sie bei künftigen Feierlichkeiten gegen jegliche grammatikalischen Entgleisungen gefeit und damit hinreichend parkettsicher sein. Oder können Sie womöglich heute nicht klar denken und haben jetzt schon alles vergessen, was Sie vor drei Zeilen gelesen haben? Und haben Sie überhaupt für die nächste Zeit von Feiern aller Art genug, weil Sie gestern ein bisschen zu tief ins Glas geschaut und entsprechend schief geladen haben?
In diesem Falle empfehlen wir Espresso mit Zitrone, Frischluft, Alka Seltzer und vor allem leichter verdauliche Lektüre.

Falsch	Richtig
Ich freue mich so! Patrick hat mich zu seiner Party **eingeladet**!	Ich freue mich so! Patrick hat mich zu seiner Party **eingeladen**!

Falsch	Richtig
Wenn Kilian zu einer seiner legendären Partys **ladete**, hieß das immer, dass man auf Gott und die Welt traf.	Wenn Kilian zu einer seiner legendären Partys **lud**, hieß das immer, dass man auf Gott und die Welt traf.
Mit Einkaufstüten schwer **beladet**, schleppte sie sich in den vierten Stock hinauf. Der Fahrstuhl war nämlich kaputt.	Mit Einkaufstüten schwer **beladen**, schleppte sie sich in den vierten Stock hinauf. Der Fahrstuhl war nämlich kaputt.
Sag mal, hast du eigentlich die Akkus für die Taschenlampe **aufgeladet**, bevor wir losgefahren sind?	Sag mal, hast du eigentlich die Akkus für die Taschenlampe **aufgeladen**, bevor wir losgefahren sind?
Wieso **ladest** du dir auch immer so viel Arbeit auf? Ist doch klar, dass du das unmöglich schaffen kannst.	Wieso **lädst** du dir auch immer so viel Arbeit auf? Ist doch klar, dass du das unmöglich schaffen kannst.

lang/lange

♦ **Wer entscheidet hier eigentlich, wie lang lange ist?**

Der richtige Gebrauch des Adjektivs **lang** und des Adverbs **lange** zählt seit langem zu den Problemfällen im Deutschen. Was aber nur **lang** (statt korrekt: **lange**) währt, wird in diesem Fall leider nicht richtiger, geschweige denn endlich gut. Zwar unterscheidet die beiden Wörter lediglich ein einziger Buchstabe, doch austauschbar sind **lang** und **lange** deswegen noch lange nicht.

Wahrscheinlich fragen Sie sich jetzt warum, und je länger Sie darüber nachdenken, desto weniger wissen Sie, was hier richtig und was falsch ist. Keine Angst, Sie haben hier nicht die Millionenfrage

vor sich und den Telefonjoker schon verbraten. Des Rätsels Lösung ist im Grunde ganz simpel:
Sie müssen lediglich herausfinden, ob Sie gerade das Adverb **lange** oder das Adjektiv **lang** vor sich haben. Wie das geht? Fragen Sie die beiden doch einfach, oder besser gesagt, sehen Sie sich den Satz an, fragen Sie »Wie?« und schon erkennen Sie das Adjektiv. Beweis gefällig? Bitte schön: »Die Schlange an der Supermarktkasse war ungewöhnlich lang.« – »Wie war die Schlange?« – »Lang.« Gegenbeispiel: »Die beiden waren gestern lange spazieren.« – »Wie waren die beiden gestern spazieren?« Wenn Sie das mal wüssten! Dafür wissen Sie aber jetzt, wie Sie **lang** und **lange** voneinander abgrenzen können. Und das ist für Ihr gutes Deutsch deutlich mehr wert.
Wenn Sie diesen kleinen Unterschied für alle Zeiten beachten, dann ist die deutsche Grammatik in Sachen **lang/lange** die längste Zeit zu kurz gekommen.

Falsch	Richtig
Bei Heike hat Jonas keine Chance. Die Liste ihrer Verehrer ist ganz schön **lange**.	Bei Heike hat Jonas keine Chance. Die Liste ihrer Verehrer ist ganz schön **lang**.
Gestern Vormittag war ich nicht beim Joggen. Stattdessen habe ich **lang** gefrühstückt.	Gestern Vormittag war ich nicht beim Joggen. Stattdessen habe ich **lange** gefrühstückt.
Im Winter sind die Nächte in Schweden sehr **lange**. Da kann man schon mal depressiv werden.	Im Winter sind die Nächte in Schweden sehr **lang**. Da kann man schon mal depressiv werden.
Elvira hat einen netten Eindruck auf mich gemacht. Wie **lang** kennst du sie denn schon?	Elvira hat einen netten Eindruck auf mich gemacht. Wie **lange** kennst du sie denn schon?

Falsch	Richtig
Die Strecke von Flensburg nach Süditalien ist extrem **lange**. Laura und Stefano werden mindestens zwei Tage unterwegs sein.	Die Strecke von Flensburg nach Süditalien ist extrem **lang**. Laura und Stefano werden mindestens zwei Tage unterwegs sein.
Hast du schon gehört? Jens und Ulrike wollen heiraten. Dabei sind sie doch noch gar nicht so **lang** zusammen.	Hast du schon gehört? Jens und Ulrike wollen heiraten. Dabei sind sie doch noch gar nicht so **lange** zusammen.

lehren

Angst ist bekanntlich ein guter Lehrer, dennoch sollte das Verb **lehren** Sie, trotz all seiner Tücken, nicht gleich das Fürchten lehren.

Selbst wenn Sie den Freischwimmer noch nicht in der Tasche haben, sondern lediglich das Seepferdchen – kein Problem. Packen Sie die Badehose ein und stürzen Sie sich ins Lehrschwimmbecken der Grammatik. Wagen Sie ruhig auch mal den Sprung vom Fünfmeterbrett und tauchen Sie ein in die trüben Wasser des Verbs **lehren**. Sie werden schon nicht untergehen.

Sie müssen nur schön den Kopf über Wasser halten, regelmäßig atmen und außerdem Folgendes beherzigen:

- In der Regel steht nach **lehren** der Akkusativ, der Dativ ist zwar weniger gebräuchlich, jedoch nicht falsch. In passivischen Sätzen wird dagegen nach **lehren** bevorzugt der Dativ verwendet.
- Wird nicht näher bezeichnet, was jemand einen oder mehrere andere **lehrt**, so ist für die folgende/-n Person/-en der Akkusativ unabdingbar.
- Folgt **lehren** auf ein anderes Verb im Infinitiv, so steht **lehren** in der Regel im 2. Partizip und nicht im Infinitiv.

Die Verben **lehren** und **lernen** haben übrigens verschiedene Bedeutungen, zum einen »jemandem etwas beibringen« oder »unterrichten« **(lehren)**, zum anderen »sich etwas aneignen« **(lernen)**. Daher dürfen sie nicht synonym gebraucht und schon gar nicht beliebig vertauscht werden.
Hoffentlich haben Sie dank dieses Eintrags **gelernt**, etwas kritischer im Umgang mit **lehren** zu sein und dieses Verb ab sofort nur noch richtig zu gebrauchen. Ob Sie das Gelernte jedoch in jeder Situation umsetzen können, das wird die Zukunft lehren.

Falsch	Richtig
In der Nachhilfestunde **lernte** ihn ein geduldiger Student das Bruchrechnen.	In der Nachhilfestunde **lehrte** ihn ein geduldiger Student das Bruchrechnen.
In der evangelischen Schule **lehrte** man auch **den** katholischen **Kindern**.	In der evangelischen Schule **lehrte** man auch **die** katholischen **Kinder**.
Das Brautpaar hat die junge Wienerin eigens engagiert, damit die Frau sie für die Hochzeit das Walzertanzen **lernt**.	Das Brautpaar hat die junge Wienerin eigens engagiert, damit die Frau sie für die Hochzeit das Walzertanzen **lehrt**.

Erlaubt	Besser
Die Burgherrin zeigte den verschreckten Gästen, wie man **einem** Geist das Fürchten **lehrt**.	Die Burgherrin zeigte den verschreckten Gästen, wie man **einen** Geist das Fürchten **lehrt**.
Den jugendlichen Straftäter wurden in dem strengen Erziehungsheim Manieren **gelehrt**.	**Dem** jugendlichen Straftäter wurden in dem strengen Erziehungsheim Manieren **gelehrt**.

Erlaubt	Besser
Der Chef **lehrte** ihn **einen freundlichen** Kundenberater zu sein und Interesse zu zeigen. (Veraltet)	Der Chef **lehrte** ihn **ein freundlicher** Kundenberater zu sein und Interesse zu zeigen.
Erst der dritte Student bei der Hausaufgabenhilfe hat sie richtig **rechnen lehren**.	Erst der dritte Student bei der Hausaufgabenhilfe hat sie richtig **rechnen gelehrt**.

Lexikon

Ein kleiner Eintrag, der seine Berechtigung vor allem dadurch erhält, dass es sich bei diesem Buch schließlich um eine Art Lexikon handelt, und da wäre es sträflich, dieses Wort samt seiner Stolperfallen bei der Pluralbildung zu vergessen. Zu erklären gibt es hier nicht viel, außer vielleicht dass **Lexikon** aus dem Griechischen stammt und der korrekte Plural deshalb **Lexika** und nicht **Lexikons** oder **Lexikas** heißt. Und Sie wissen ja: Die alten Griechen hatten's drauf, die werden also schon wissen, wie sie ihre Plurale bilden. Für alle Nichtgriechen haben sich ein paar von den schlauen Leuten (wahrscheinlich diejenigen, die sich auch die Rechtschreibreform ausgedacht haben) noch die deutsche Form **Lexiken** ausgedacht.

Apropos Rede – langer Rede kurzer Sinn, hier gilt schlicht und ergreifend: merken! Oder Sie schlagen das Wort regelmäßig im Lexikon nach.

Falsch	Richtig
In der Bibliothek der Schule gibt es jede Menge **Lexikons**, in denen wir unsere Fragen nachschlagen können.	In der Bibliothek der Schule gibt es jede Menge **Lexika/Lexiken**, in denen wir unsere Fragen nachschlagen können.

Falsch	Richtig
Steffi hat sich für ihr Übersetzerstudium schon mehrere **Lexikas** gekauft.	Steffi hat sich für ihr Übersetzerstudium schon mehrere **Lexika/Lexiken** gekauft.
Professor Hof hat ein Faible für **Lexikons**. Sein Büro ist bis unter die Decke voll gestopft mit Nachschlagewerken in allen Auflagen und Ausgaben.	Professor Hof hat ein Faible für **Lexiken/Lexika**. Sein Büro ist bis unter die Decke voll gestopft mit Nachschlagewerken in allen Auflagen und Ausgaben.

lösbar/löslich

Eines mal vorweg: Sollten Sie Schwierigkeiten mit der unterschiedlichen Bedeutung von **lösbar** und **löslich** sowie vergleichbaren Adjektiven auf -bar oder -lich haben, so seien Sie beruhigt – sie sind **lösbar**. Wenn sie **löslich** wären, hätten Sie dagegen ein echtes Problem – obwohl: heißes Wasser drauf, dreimal kräftig umgerührt, und schon wären sie weg. Das ist natürlich auch eine mögliche Lösung, wenngleich keine von der Stiftung Grammatiktest empfohlene.

Wie Sie schon gemerkt haben, lassen sich die beiden Adjektive nicht gegeneinander austauschen, da sie sich inhaltlich unterscheiden. **Lösbar** sind Dinge, die man lösen kann, **löslich** sind Dinge, die sich (in Flüssigkeit) auflösen.

Leider haben wir an dieser Stelle keine allgemein gültige Regel parat, mit der sich dieses Problem in Sekundenschnelle in Luft auflöst, denn die Bedeutungsunterschiede gelten nicht generell für alle Adjektive auf -bar oder -lich. Manche wie unersetzbar/unersetzlich oder erklärbar/erklärlich dürfen nämlich sehr wohl ausgetauscht werden, da sie inhaltlich nahezu identisch sind.

Es bleibt Ihnen daher leider nicht erspart, sich im Einzelfall mit der jeweiligen Bedeutung der Wörter auseinander zu setzen.

Wenn Sie allerdings beherzigen, dass sich bei Adjektiven auf -bar oder -lich ein zweiter Blick (womöglich gar in ein Wörterbuch) lohnt, dann haben Sie das Problem schon halb gelöst. Und das lässt doch hoffen!

Falsch	Richtig
Wenn ich mal wieder zu spät in die Pause komme und mir nur fünf Minuten bleiben, mache ich mir eben einen **lösbaren** Kaffee.	Wenn ich mal wieder zu spät in die Pause komme und mir nur fünf Minuten bleiben, mache ich mir eben einen **löslichen** Kaffee.
Annika antwortete auf ihre kurze Postkarte mit einem **aus-führbaren** Brief.	Annika antwortete auf ihre kurze Postkarte mit einem **aus-führlichen** Brief.
Der Abend war einfach **unsäglich** toll. Danke, dass du mich zu dieser Party mitge-nommen hast.	Der Abend war einfach **unsagbar** toll. Danke, dass du mich zu dieser Party mitge-nommen hast.

Mädchen

Das mit den **Mädchen**, die im Deutschen neutralen Geschlechts sind, ist schon eine merkwürdige Sache. Schließlich handelt es sich bei **Mädchen** unzweifelhaft um weibliche Wesen. Aber was soll man schon von einer Nation erwarten, die den Mond für männlich hält (fragen Sie bitte mal einen x-beliebigen Franzosen, Spanier oder Italiener und wundern Sie sich nicht über seine Verwunderung) und die Sonne für weiblich?
Dennoch scheinen nicht alle Bürger dieses Landes das neutrale Geschlecht der deutschen **Mädchen** widerstandslos hinnehmen zu wollen. Zwar finden weder Mahnwachen oder Protestmärsche noch Montagsdemonstrationen deswegen statt, doch wer genau

hinsieht, bemerkt die Zeugnisse der schleichenden Auflehnung. So versuchen nicht wenige den jungen Damen dadurch beizustehen, dass sie bei Pronomen, die sich auf **Mädchen** beziehen, nicht die neutrale, sondern die feminine Form wählen. Leider ist das grammatikalische Ergebnis häufig in etwa so aufwühlend wie die Pubertätsjahre der **Mädchen**.
Um derlei Chaos zu vermeiden, sollten Sie sich Folgendes auf die imaginären Protestfahnen schreiben:

- Grundsätzlich muss bei Pronomen, die sich auf das Wort **Mädchen** beziehen, das grammatische Genus korrekt sein, also Neutrum.
- Steht das Pronomen allerdings weiter weg, so darf auch die feminine Form benutzt werden.

Bei jungen Fräulein, die grammatikalisch gesehen vor dem gleichen Problem stehen wie die Mädchen, nämlich ihrem neutralen Geschlecht, gilt hingegen Folgendes:

- Grundsätzlich muss bei Pronomen, die sich auf das Wort **Fräulein** beziehen, das grammatische Genus korrekt sein, also Neutrum.
- Steht das Pronomen allerdings weiter weg, so darf die feminine Form benutzt werden.
- Wird das Substantiv Fräulein durch einen Artikel und/oder Namen ergänzt, so muss das Pronomen ebenfalls im Neutrum stehen.
- Steht Fräulein mit Name, jedoch ohne Artikel, so muss die feminine Form des Pronomens verwendet werden.

Wenn Sie sich daran künftig halten, dann werden die **Fräulein** und **Mädchen** es Ihnen gewiss mit einem netten Augenaufschlag danken. Und wer kann da schon nein sagen?

Falsch	Richtig
Er hatte sich auf den ersten Blick in das **Mädchen** verliebt, mit **der** er gestern in der U-Bahn zusammengestoßen war.	Er hatte sich auf den ersten Blick in das **Mädchen** verliebt, mit **dem** er gestern in der U-Bahn zusammengestoßen war.
Das quirlige **Fräulein** Schmidt hat **ihre** Freundinnen zum dritten Mal in dieser Woche zum Kaffeekränzchen eingeladen.	**Das** quirlige **Fräulein** Schmidt hat **seine** Freundinnen zum dritten Mal in dieser Woche zum Kaffeekränzchen eingeladen.
Was hat das **Mädchen** nur mit **ihren** Fingernägeln gemacht? Die sehen ja schrecklich aus.	Was hat das **Mädchen** nur mit **seinen** Fingernägeln gemacht? Die sehen ja schrecklich aus.
Fräulein Meyer ist immer als Erste von allen Sekretärinnen mit **seinen** Tipparbeiten fertig.	**Fräulein** Meyer ist immer als Erste von allen Sekretärinnen mit **ihren** Tipparbeiten fertig.
Astrid ist ein tapferes **Mädchen, das** sich so schnell vor nichts fürchtet. **Es** wird die Dschungelexpedition sicher gut überstehen.	Astrid ist ein tapferes **Mädchen, das** sich so schnell vor nichts fürchtet. **Es/Sie** wird die Dschungelexpedition sicher gut überstehen.
Die bei uns wohnende **Fräulein** Müller ist schon eine eigenartige Person.	**Das** bei uns wohnende **Fräulein** Müller ist schon eine eigenartige Person.

malen/mahlen

Die beiden Wörter werden zwar gleich ausgesprochen, doch sowohl in der Schreibweise als auch in ihrer Bedeutung unterscheiden sie sich. So bedeutet **malen** (malte, gemalt) »ein Bild herstellen« oder »etwas mit Farbe versehen«. **Mahlen** (mahlte, gemahlen) dagegen meint »mit Hilfe einer Mühle zerkleinern«.

Da es nicht gerade von Vorteil ist, wenn Sie versuchen, ein Bild zwischen zwei Mühlsteinen zu zerquetschen oder mit der Kaffeemühle die Wand zu streichen, sollten Sie sich die richtige Verwendung der Verben kurz zu Gemüte führen und diese für alle künftigen Mahl- und Malzeiten sowie deren Umschreibung beherzigen.

Unser kleiner Tipp am Rande zur Erhöhung der Merkfähigkeit: **Gemahlen** wird hauptsächlich Me**h**l und da ist wie im dazu passenden Verb ein **h** drin. Oder für alle Hobbykünstler unter Ihnen: Zum **Malen** braucht man unter anderem Pinsel und Farbe und in den beiden Wörtern ist wie im zugehörigen Verb **kein h** drin.

Falsch	Richtig
Tagelang hatten die Mönche einen Halbedelstein namens Lapislazuli **gemalt**, um daraus Ultramarin herzustellen. Damit hat Michelangelo dann diesen leuchtend blauen Umhang der Mutter Gottes **gemahlt**.	Tagelang hatten die Mönche einen Halbedelstein namens Lapislazuli **gemahlen**, um daraus Ultramarin herzustellen. Damit hat Michelangelo dann diesen leuchtend blauen Umhang der Mutter Gottes **gemalt**.
Wer zuerst kommt, **malt** zuerst.	Wer zuerst kommt, **mahlt** zuerst.
Opa **malt** ja seit neuestem seine getrockneten Chilischoten in der elektrischen Kaffeemühle zu Chilipulver.	Opa **mahlt** ja seit neuestem seine getrockneten Chilischoten in der elektrischen Kaffeemühle zu Chilipulver.
Seit unsere Mutter in Rente ist, belegt sie diese Abendkurse in **Aquarellmahlerei**.	Seit unsere Mutter in Rente ist, belegt sie diese Abendkurse in **Aquarellmalerei**.
Ich beruhigte sie: »So schlimm war es doch gar nicht. Wieso hast du denn gleich den Teufel an die Wand **gemahlen**?«	Ich beruhigte sie: »So schlimm war es doch gar nicht. Wieso hast du denn gleich den Teufel an die Wand **gemalt**?«

mangels

Die Präposition **mangels** weist wegen ihres häufigen mangelhaften Gebrauchs bereits gesundheitlich bedenkliche Mangelerscheinungen auf. Daher wird sie mit Sicherheit in Kürze einen Platz auf der Liste der bedrohten Wörter erhalten.
Doch so weit muss es gar nicht kommen. Sie persönlich haben es nämlich in der Hand, diese Präposition nicht einfach ihrem Schicksal zu überlassen. Denn Sie entscheiden mit über die Zukunft dieses sprachlich unterernährten Geschöpfes. Wie wär's denn mal, statt der alljährlichen weihnachtlichen Spende für einen guten Zweck (und oft gegen das eigene schlechte Gewissen), mit einer Sachspende an die deutsche Sprache? Mit der korrekten Verwendung von **mangels** zum Beispiel?
Sie sind dabei? Das freut uns aber – da wollen wir doch gleich mal loslegen, bevor Sie es sich wieder anders überlegen.

- **Mangels** steht grundsätzlich mit dem Genitiv und nicht mit dem Dativ.
- Nur im Plural darf man auf den Dativ ausweichen, da sich bei den meisten Substantiven (vor allem bei den stark gebeugten) der Genitiv Plural nicht vom Nominativ und Akkusativ unterscheidet.
- Steht **mangels** im Plural mit einem Attribut, bleibt man beim Genitiv, da dieses den Kasus eindeutig anzeigt.

Wir danken aufrichtig für die großzügige Geste und versichern Ihnen, dass Ihre Spende äußerst verantwortungsbewusst und dank unserer langjährigen Erfahrung im Umgang mit grammatikalischen Problemkindern kompetent und unmittelbar ohne Abzug von Verwaltungskosten eingesetzt wird. Wir behalten uns vor, im nächsten Jahr wieder an Sie heranzutreten und Sie erneut um Ihre Unterstützung für eine weitere schützenswerte Präposition anzusuchen. Gott segne Sie!

Falsch	Richtig
Mangels einem eigenen **gut aussehenden** Mann, mit dem sie bei dem Empfang hätte Eindruck schinden können, mietete sie sich einen bei einer Begleitagentur.	**Mangels eines** eigenen **gut aussehenden** Mannes, mit dem sie bei dem Empfang hätte Eindruck schinden können, mietete sie sich einen bei einer Begleitagentur.
Beinahe hätte es mit der Kanzlerinnenschaft der Kandidatin nicht geklappt **mangels den** notwendigen Stimmen.	Beinahe hätte es mit der Kanzlerinnenschaft der Kandidatin nicht geklappt **mangels der** notwendigen Stimmen.
Mangels einem besseren **Einfall** schoss der Jäger wild um sich, als er den Wolf in Großmutters Bett liegen sah.	**Mangels eines** besseren **Einfalls** schoss der Jäger wild um sich, als er den Wolf in Großmutters Bett liegen sah.
Der Täter konnte mangels **stichhaltigen Beweisen** nicht überführt werden.	Der Täter konnte mangels **stichhaltiger Beweise** nicht überführt werden.
Beim Abschlussball mussten **mangels Männer** einige Frauen miteinander tanzen.	Beim Abschlussball mussten **mangels Männern** einige Frauen miteinander tanzen.

-mäßig

Wortkreationen mit **-mäßig** erfreuen sich bei Alt und Jung größter Beliebtheit und halten sich seit Jahren hartnäckig in den Top Five auf der Hitliste der dööfsten Deutschfehler. Die Wortschöpfungen werden deshalb so gern verwendet, weil sich mit ihrer Hilfe ein längerer Zusammenhang kurz und knapp ausdrücken lässt. Schließlich heißt es nicht umsonst »Time is money« und wer hat da noch Zeit für ausschweifende Reden?

Doch leider müssen Sie für die Zeitersparnis einen viel zu hohen Preis zahlen: den der nunmehr fehlenden Präzision. Denn wenn Sie aus Bequemlichkeit auf die lange Version verzichten und es Ihrem Gesprächspartner überlassen, sich die Bedeutung Ihrer Aussage aus dem Zusammenhang im wahrsten Sinne des Wortes zusammenzureimen, haben Sie gewiss nichts gespart. Kann gar nicht sein? Oh doch!

Das Ganze ist in etwa vergleichbar mit Einkaufsschnäppchen. Wenn Sie im Schlussverkauf ein Paar Schuhe kaufen, das von 120 auf 70 Euro runtergesetzt ist, sparen Sie auf den ersten Blick 50 Euro. Doch wenn Ihnen die Schuhe eigentlich eine Nummer zu klein sind und Sie das Paar deshalb gar nicht anziehen können, weshalb es in Ihrem ohnehin schon überfüllten Kleiderschrank vor sich hinvegetiert, dann haben Sie gar nichts gespart, sondern 70 Euro aus dem Fenster geworfen.

Genauso verhält es sich mit **-mäßigen** Formulierungen: Der Spareffekt ist auf den zweiten Blick nur mäßig, daher können Sie getrost darauf verzichten. Seien Sie ruhig auch mal in sprachlichen Angelegenheiten tugendhaft und mäßigen Sie sich ein wenig im Umgang mit **-mäßig**, dann werden Ihr Sprachschatz und Ihre Ausdrucksfähigkeit langfristig unverhältnismäßig wachsen. Versprochen!

Falsch	Richtig
Rein **farbenmäßig** würde mir das Kleid ja gefallen, aber diese Rüschen an den Ärmeln finde ich scheußlich.	**Von der Farbe her** würde mir das Kleid ja gefallen, aber diese Rüschen an den Ärmeln finde ich scheußlich.
Das wird ein ungleiches Rennen. Julian ist Sören **kraftmäßig** total überlegen.	Das wird ein ungleiches Rennen. Julian ist Sören **an Kraft** total überlegen.
Da schließen wir uns **meinungsmäßig** voll und ganz an.	Wir sind absolut **der gleichen Meinung**.

Falsch	Richtig
Dieses Hotelzimmer entspricht **größenmäßig** in keiner Weise dem, das sie im letzten Urlaub hatten.	Dieses Hotelzimmer entspricht **in der Größe** in keiner Weise dem, das sie im letzten Urlaub hatten.
Stuhlmäßig müsste es heute Abend für die Party genau reichen. Wenn kein unvorhergesehener Gast kommt, haben alle Platz.	**Die Stühle** müssten heute Abend für die Party genau reichen. Wenn kein unvorhergesehener Gast kommt, haben alle Platz.
Agneta war nicht wiederzuerkennen, sie führte sich absolut **schulmädchenmäßig** auf.	Agneta war nicht wiederzuerkennen, sie führte sich **wie ein Schulmädchen** auf.

meiner Tante ihre Tochter

Offenbar halten Sie es gerne mit der Maxime: Wieso einfach, wenn es auch umständlich geht. Oder wieso sagen Sie zu **Ihrer Tante ihrer Tochter** nicht einfach Cousine?
Nun gut, Sie werden hoffentlich Ihre Gründe haben, und in Ihre Familienangelegenheiten wollen wir uns hier nicht einmischen. Aber seien Sie mal ehrlich: Das klingt schon ein bisschen so wie der Aufruf einiger grammatikalischer (und hoffentlich nicht politischer) Spaßvögel bei der letzten Bundestagswahl, der Doris ihren Mann seine Partei zu wählen. Das mochte ja nett gemeint sein, doch ideal war das nicht und Sie wissen alle, wozu es geführt hat.
Nun denn, nennen wir die Dinge ruhig beim Namen, damit Sie wissen, mit wem Sie es hier zu tun haben: das Genitivattribut in Form eines Genitivus possessivus. Was schließen Sie nun daraus? Genau: Der Dativ samt Possessivpronomen hat hier nichts zu suchen. Und zwar gar nichts!

Schreiben Sie sich den folgenden Satz bitte dick hinter die Grammatikohren: Ein Genitivattribut darf nie, n-i-e-m-a-l-s, durch einen Dativ in Verbindung mit einem Possessivpronomen ersetzt werden. Und halten Sie sich bitte daran, wenn Ihnen ein Leben in Freiheit lieb ist. Denn sollten Sie diese höchste aller Grammatikregeln wiederholt brechen, so wird Ihnen selbst der beste Anwalt kaum von Nutzen sein. Darauf steht nämlich unzweifelhaft die Höchststrafe. Schließlich machen Sie sich des Mordes am Genitiv mit schuldig!
Falls Sie es gar nicht lassen können, so verwenden Sie doch bitte wenigstens statt des Genitivs ein Präpositionalgefüge mit → **von**. Das gilt zwar auch nicht gerade als der letzte Sprachschick und ist dementsprechend verpönt, aber immerhin ist deswegen noch niemand gestorben.
Denken Sie also bitte künftig an den armen Genitiv, wenn Sie wieder mal eine Zugehörigkeit oder einen Besitz ausdrücken, also sagen wollen, wem oder zu wem jemand bzw. etwas gehört, und erbarmen Sie sich seiner. Dann freut sich der Genitiv. Bestimmt! Und wir freuen uns einfach ein bisschen mit. Da ist doch alles gleich nur noch halb so schlimm, oder?

Falsch	Richtig
Meiner Schwester ihre Puppe ist schön. Ich will auch so eine.	**Die Puppe meiner Schwester** ist schön. Ich will auch so eine.
Dem einen seine Freud ist **dem anderen sein Leid**.	**Des einen Freud** ist **des anderen Leid**.
Dem Puma sein Fell glänzte in der Morgensonne.	**Das Fell des Pumas** glänzte in der Morgensonne.
Die besorgte Kindergärtnerin streichelte **dem Jungen sein verweintes Gesicht**.	Die besorgte Kindergärtnerin streichelte **das verweinte Gesicht des Jungen/dem Jungen das verweinte Gesicht.**

Falsch	Richtig
Das Weihnachtsoratorium war wundervoll, **der Sopranistin ihre Stimme** war deutlich zu hören.	Das Weihnachtsoratorium war wundervoll, **die Stimme der Sopranistin** war deutlich zu hören.
Zumal wir auch Gästezimmer vermieten, herrscht in **meinen Eltern ihrem Haus** immer reges Treiben.	Zumal wir auch Gästezimmer vermieten, herrscht **im Haus meiner Eltern** immer reges Treiben.

Menge

Keine Sorge: Die Menge dessen, was Sie bei dem Substantiv **Menge** falsch machen können, ist nicht allzu groß. Das ist doch schon mal eine positive Nachricht, oder? Deshalb sollten Sie sich von den zwei Kleinigkeiten, die im Umgang mit **Menge** zu beachten sind, auch nicht die gute Laune verderben lassen.
Wird **eine Menge** als Umschreibung für »viele« gebraucht, so steht das entsprechende Verb im Plural. Wird das Substantiv **Menge** im Sinne von »Menschenmenge« gebraucht, so steht das Verb im Singular. Steht Menge vor etwas Gezähltem im Plural, so darf das Verb – je nach Betonung – im Singular oder Plural stehen. Sollten Sie von dieser bescheidenen Menge an Vorgaben nicht ausreichend beschäftigt sein, haben wir an anderer Stelle zwar keine Unmenge an Ansprechpartnern zu bieten, aber immerhin → **Christina als Verantwortliche**, die Ihnen alles Wissenswerte über Appositionen erklären wird.

Falsch	Richtig
Sobald das Kaufhaus seine Tore öffnete, **stürmten** die Menge die Wühltische.	Sobald das Kaufhaus seine Tore öffnete, **stürmte** die Menge die Wühltische.

Falsch	Richtig
Auf den polemischen Artikel in der Zeitung **hat** sich **eine Menge** Leser beschwert.	Auf den polemischen Artikel in der Zeitung **haben** sich **eine Menge** Leser beschwert.

Entweder	Oder
Eine Menge dieser **Hosen waren** leider zerrissen.	**Eine Menge** dieser Hosen **war** leider zerrissen.
Eine Menge Soldaten versuchten daraufhin das Gefängnisgebäude zu verteidigen.	**Eine Menge** Soldaten **versuchte** daraufhin das Gefängnisgebäude zu verteidigen.

mir

Wenn Sie bei dem Personalpronomen **mir** nicht höllisch aufpassen, können Sie mir nichts, dir nichts in eine grammatikalische Falle tappen. Und dann müssen Sie zusehen, wie Sie da ohne → **abbe Arme** und sonstige Blessuren körperlicher wie grammatikalischer Art wieder herauskommen.

Das können Sie natürlich leicht vermeiden, indem Sie sich ein bisschen weniger mit sich, dafür aber ein wenig mehr mit **mir** beschäftigen.

Sind Sie gewillt und bereit? Nun gut:

- Das Personalpronomen **mir** darf nicht in Verbindung mit dem Verb **sein** verwendet werden, um einen Besitz anzuzeigen.
- Folgt auf **mir** ein Adjektiv als Zusatz, so kann es sowohl schwach als auch stark gebeugt werden.
- Steht nach **mir** eine Apposition, die mit »als« angeschlossen wird, so muss das nachfolgende Substantiv wie das Personalpronomen **mir** im Dativ und nicht im Nominativ stehen.

Einen Stolperstein, der sich nicht so leicht in einer Regel zusammenfassen lässt, gäbe es da allerdings noch. Sollten auch Sie zu den Kandidaten gehören, die gerne **mir** und **mich** verwechseln, sei es, weil Sie bei Ihrem letzten Hauptstadtbesuch zu viel Berliner Luft geschnappt haben oder weil Sie generell eine Mir-mich-Schwäche kultivieren, so lassen Sie sich Folgendes gesagt sein:

Ob Sie in Verbindung mit einem bestimmten Verb besser **mir** oder **mich** sagen, ist jeweils davon abhängig, mit welchem Kasus das Verb grundsätzlich steht. Natürlich kann niemand von Ihnen verlangen, dass Sie von sämtlichen deutschen Verben auswendig lernen, welchen Kasus sie bedingen, zumal Sie sicher schon den Kopf voller binomischer Formeln, Telefontarife, mendelscher Gesetze, Aktienkurse, Busfahrpläne, Kochrezepte, Fußballergebnisse und was man sich sonst so alles merken muss haben. Aber Sie können mit einem simplen Frage-und-Antwort-Spiel der Lösung ein Stückchen näher kommen. Wie? Ganz einfach: Nehmen Sie zum Beispiel den Satz »Nelly hat versprochen, sie wird mich das erklären« und fragen Sie mal nach: »Wem wird Nelly das erklären?« Na? **Mir** natürlich und nicht **mich**, also muss es korrekt heißen: »Nelly hat versprochen, sie wird mir das erklären.«

War das jetzt Erklärung genug?

Falsch	Richtig
Wieso merkt David sich das nicht endlich mal? Die grüne Zahnbürste **ist mir**.	Wieso merkt David sich das nicht endlich mal? Die grüne Zahnbürste **gehört mir/ ist meine**.
He, lass den Schokopudding stehen. Der **ist mir**.	He, lass den Schokopudding stehen. Der **gehört mir/ist mein**.
Der Stift **ist mir**, aber du kannst ihn dir ruhig kurz ausleihen.	Das **ist mein** Stift/Der Stift **gehört mir**, aber du kannst ihn dir ruhig kurz ausleihen.

Falsch	Richtig
Die tief stehende Oktobersonne schien **mich** ins Gesicht und blendete mich.	Die tief stehende Oktobersonne schien **mir** ins Gesicht und blendete mich.
Arminius war über seinen Turniersieg so glücklich, dass er **mir**, seinen Knappen Artus, zum Ritter schlug.	Arminius war über seinen Turniersieg so glücklich, dass er **mich**, seinen Knappen Artus, zum Ritter schlug.
Mir als Präsident dieses Landes obliegt es, für die Sicherheit der Bürgerinnen und Bürger zu sorgen.	**Mir als Präsidenten** dieses Landes obliegt es, für die Sicherheit der Bürgerinnen und Bürger zu sorgen.

Entweder	Oder
Mit mir faulen Kerl brauchst du gar nicht erst wandern zu gehen. Ich komme garantiert keinen Berg hoch.	**Mit mir faulem** Kerl brauchst du gar nicht erst wandern zu gehen. Ich komme garantiert keinen Berg hoch.

mit

Endlich mal wieder ein Wort für alle militanten Dativ-Anhänger unter Ihnen, denn bei **mit** machen Sie mit der Deutschen liebstem Fall garantiert nichts falsch – zumindest wenn es um die Beugung der nachfolgenden Wörter geht. Das heißt natürlich noch lange nicht, dass Sie auch sonst im Umgang mit der Präposition **mit** jederzeit gegen alles gewappnet sind.

Wollen Sie zum Beispiel einen Zeitraum beschreiben, so sollten Sie statt **mit** lieber **bis** verwenden, sonst gilt für Sie womöglich noch mitgehangen, mitgefangen im Miteinander mit **mit**. Und das ist ungefähr genauso furchtbar, wie dieser Satz, den Sie soeben gelesen haben, sich anhört.

Wer von Ihnen dagegen schwäbische Vorfahren hat und hofft, bei Formulierungen mit **ohne** und **mit** etwas einsparen zu können, den müssen wir an dieser Stelle an seinen zuständigen Berater bei der Bausparkasse oder Hausbank verweisen. Die Zinsen sind heute zwar auch nicht mehr das, was sie mal waren, aber bei Sätzen wie »Ich ziehe das mit und ohne sie durch« gewinnen Sie durch die Einsparung des **ihr** nach **mit** höchstens die goldene Ananas – und da sind selbst niedrige Zinsen vorzuziehen.
Was die schöne Formulierung **mit ohne** angeht, sollten Sie sich, auch wenn Sie sonst eher zögerlicher Natur sind und die Wahl Ihnen schwer fällt, dringend für eine der beiden Präpositionen entscheiden. Sonst werden Sie zeit Ihres Lebens mit der deutschen Grammatik hadern, und zwar ohne Aussicht auf Besserung. Und das wäre nun wirklich schade.

Falsch	Richtig
Ich weiß ganz genau, dass ich die Einmachgläser **mit Deckel** gekauft habe.	Ich weiß ganz genau, dass ich die Einmachgläser **mit Deckeln** gekauft habe.
Es war Laura egal, ob sonst niemand Lust auf die Lesung hatte. Sie würde dort **mit oder ohne ihre Freunde** hingehen.	Es war Laura egal, ob sonst niemand Lust auf die Lesung hatte. Sie würde dort **mit ihren Freunden oder ohne ihre Freunde** hingehen.
Die Kinder hatten eine Menge Spaß, als sie **mit Surfboarde** auf den See hinauspaddelten.	Die Kinder hatten eine Menge Spaß, als sie **mit Surfboarden** auf den See hinauspaddelten.
Wegen Renovierungsarbeiten geschlossen: 07. **mit** 24. August.	Wegen Renovierungsarbeiten geschlossen: 07. **bis** 24. August.
Normalerweise verschalen wir die Außenwände zum Betonieren **mit Bretter**.	Normalerweise verschalen wir die Außenwände zum Betonieren **mit Brettern**.

Modalverben → müssen

möglich

Nichts ist unmöglich!

In der Werbung mag das ja gelten, beim richtigen Gebrauch von **möglich** gibt es da durchaus gewisse Grenzen.

Sollten die Do-s and Don't-s bei diesem Adjektiv Ihre grammatikalischen Möglichkeiten übersteigen, so sollten Sie dringend Ihr Möglichstes tun, um **möglich** möglichst richtig zu verwenden. Dazu müssen Sie im Grunde nur ein paar Details beachten:

- **Möglich** wird bei Vergleichen ausschließlich im Positiv oder Superlativ verwendet, deshalb muss ihm beim Komparativ ein Adjektiv vorangestellt werden, das den jeweiligen Steigerungsgrad anzeigt.
- Wird **möglich** im Sinne von »wenn es möglich ist« gebraucht, so kann, vor allem bei steigerungsfähigen Adjektiven, die Satzaussage unklar sein; dann sollte – je nach gewünschter Aussage – genau zwischen beiden Formulierungen unterschieden werden: So bedeutet »Wir brauchen möglichst große Männer« zum einen »Wir brauchen Männer, die so groß wie möglich sind« und zum anderen »Wir brauchen wenn möglich große Männer«.

Ist es denn die Möglichkeit! Das war's tatsächlich schon – obwohl, dreierlei hätten wir da noch: Der Superlativ des Adjektivs lautet erstens **möglichst** und ist, wie bei der höchsten Steigerungsstufe so üblich, nicht weiter steigerbar. Da bei zusammengesetzten Adjektiven immer nur ein Teil im Superlativ stehen darf, sind kreative Wortschöpfungen wie **bestmöglichst** unzulässig, da sie nicht wirklich → **optimal** sind.

Auch sollten Sie, zweitens, **möglich** nicht noch mit dem Verb »können« kombinieren, sonst müssen Sie womöglich Ihre Grammatikkenntnisse → **neu renovieren**.

Und drittens: Falls Sie es gar wagen sollten, **möglich** attributiv zu gebrauchen, sollten Sie sich nicht wundern, wenn Sie sich unversehens neben dem → **abben Arm** in der grammatikalischen Notaufnahme wiederfinden.

Falsch	Richtig
Um drei Uhr kann ich leider nicht. Um vier wäre es **möglicher**.	Um drei Uhr kann ich leider nicht. Um vier wäre es **besser möglich**.
Lucy schlug ihren Freundinnen den Sonntag für ein Treffen vor, das war für sie nämlich **am möglichsten**.	Lucy schlug ihren Freundinnen den Sonntag für ein Treffen vor, das war für sie nämlich **am besten möglich**.
Wir bitten um **möglichste** Teilnahme aller Angestellten bei der Betriebsversammlung.	Wir bitten **möglichst** um die Teilnahme aller Angestellten bei der Betriebsversammlung.
Sie hatten die **größtmöglichste** Ferienwohnung gemietet, die in dem Skigebiet zu finden war.	Sie hatten die **größtmögliche** Ferienwohnung gemietet, die in dem Skigebiet zu finden war.
Es **kann möglich sein**, dass es morgen regnet. Wer spazieren gehen will, sollte also einen Schirm einpacken.	Es **ist möglich/kann sein**, dass es morgen regnet. Wer spazieren gehen will, sollte also einen Schirm einpacken.

Moni's Blumenladen

◆ **Lassen die Blumen eher die Köpfe hängen, wenn sie in Moni's Blumenladen stehen statt in Monis?**

Keine Sorge: Rosen, Tulpen, Nelken, sie werden schon nicht welken. Denn im Zweifelsfall wird es ihnen egal sein, was über der

Ladentür steht, solange sie nur genug Wasser in ihren Eimern haben. Sie könnten höchstens teurer werden, wenn die Grammatikpolizei zufällig vorbeikommt und ein saftiges Bußgeld wegen Falschschreibens verhängt. Denn vor dem Genitiv-s von Namen steht in der Regel kein Apostroph.
Der Duden macht zwar inzwischen schon gewisse Zugeständnisse, die da lauten: »Gelegentlich wird [...] ein Apostroph gesetzt, um die Grundform eines Namens zu verdeutlichen.« Aber das lassen wir hier nicht gelten. Oder wollen Sie etwa behaupten, dass Sie bei **Anjas** Kaffeebar nicht wissen, wie der Name der Wirtin lautet, nur weil es nicht **Anja's** Kaffeebar heißt? Nein, nein und nochmals nein.
Es gibt wirklich genug Möglichkeiten, den Apostroph korrekt anzuwenden. Zum Beispiel bei Ableitungen von Eigennamen wie Grimm'sche Märchen oder Bach'sche Kantaten sowie zur Kennzeichnung des Genitivs bei Namen, die auf -s, -ss, -ß oder ähnlich lautende Buchstaben enden und ohne Artikel stehen, etwa Dickens' Romane, Ringelnatz' Gedichte, Strauß' Politikansätze, Konstanz' Klaviersommer. Nehmen Sie also ersatzweise die, toben Sie sich nach Lust und Laune aus und verschonen Sie den armen, ohnehin schon genug gebeutelten Genitiv. Allerdings sollten Sie es nicht gleich übertreiben mit dem Austoben, sonst entstehen am Ende noch Stilblüten wie: Sag niemal's nie, Durchschnitt's-Deutscher, früh in's Bett, Wellness auf's Brot, Rohrreinigung's-Service, im Norden Italien's, Toilette hinten link's und Ähnliches.
Sie wissen nicht, wie Sie sich das merken sollen? Alles kein Problem, da gibt es genau zwei Tricks, einen unspektakulären und einen für die Fußballfreunde unter Ihnen – angesichts der WM im eigenen Lande ein absolutes Muss.
Zunächst einmal der unter allen Deutschlehrenden übliche Erklärungsversuch: Immer dann, wenn Sie »wessen?« fragen können, dürfen Sie den Apostroph getrost weglassen. Wir machen also gleich mal die Probe aufs Exempel bei **Moni's** Geschäft und

fragen: Wessen Blumenladen ist das? Genau: **Monis!** So simpel ist das.
Die Fußballbegeisterten unter Ihnen hingegen brauchen sich bloß einmal zu vergegenwärtigen, dass die Verwendung des Apostrophs bei Genitiv-s, genauso wie die bei der Schreibung verkürzter Jahreszahlen, im angelsächsischen Sprachraum üblich ist. Und seit dem umstrittenen Wembleytor von Geoff Hurst im Finale der WM **66** (und nicht **'66**!) machen wir ganz bestimmt nichts so wie diese hinterlistigen Betrüger von der Insel.
Eines noch zum Schluss: Kommen Sie bitte bloß nicht auf die Idee, diese grammatikalische Klippe zu umschiffen, indem Sie neunmalklug umformulieren und »Der Moni ihr Blumenladen« sagen. Dann steuern Sie nämlich geradewegs auf den nächsten beliebten Fehler zu, das **Genitivattribut** (→ **meiner Tante ihre Tochter**).

Falsch	Richtig
Eva's Angst vor Ameisen ist wirklich lächerlich.	**Evas** Angst vor Ameisen ist wirklich lächerlich.
Morgen gehen die **Schumann's** ins Kino.	Morgen gehen die **Schumanns** ins Kino.
Die Schwester von **Nils** Freundin ist doof.	Die Schwester von **Nils'** Freundin ist doof.
Goethe's *Faust* habe ich nie zu Ende gelesen.	**Goethes** *Faust* habe ich nie zu Ende gelesen.
Peter hat **'87** Abitur gemacht.	Peter hat **87** Abitur gemacht.

müssen

Die Gruppe der Modalverben, zu denen neben **müssen** auch **dürfen, sollen, können, wollen** und **mögen** gehören, ist eine echt nette Truppe und hätte es daher auch verdient, jederzeit korrekt angewendet zu werden. Wie wär's? Wollen Sie sich einreihen in die Schlange der Modalverben-Kenner? Der Aufwand ist im Vergleich zum Nutzen gering. Überzeugen Sie sich am besten gleich selbst:

- Folgt **müssen** auf ein Verb, das bereits im Infinitiv steht, so muss auch das Modalverb im Infinitiv stehen; das 2. Partizip, das unter Umständen als Ersatzinfinitiv eingesetzt werden kann, ist hier nicht erlaubt.
- Ist **müssen** dagegen das einzige Verb, so steht es selbstverständlich nicht im Infinitiv.
- Bei **müssen** und Co. gilt wie schon so oft: Weniger ist mehr! Das bedeutet: Wird schon durch ein anderes Wort eine Erlaubnis, eine Notwendigkeit oder Möglichkeit ausgedrückt, so muss auf das Modalverb verzichtet werden.
- Ist das Modalverb nicht die bestimmte Verbform, sondern unbestimmt, so steht es grundsätzlich am Ende eines Satzes oder Nebensatzes und niemals vor dem finiten Verb.

Das Gleiche gilt übrigens für → **brauchen**, dessen Besonderheiten im Umgang Sie sich hoffentlich gemerkt haben. Wenn ja, dann zögern Sie nicht länger, sondern packen Sie Ihre Koffer und machen Sie sich auf die Reise ins Grammatikwunderland. Sie werden sehen, traumhafte Zeitenlandschaften, erlesene Sprachsehenswürdigkeiten, köstliche kulinarische Satzspezialitäten und einzigartige Konjugations- und Deklinationsareale warten auf Sie. Sie werden begeistert sein und nie mehr in die Ödnis des grammatikalischen Niemandslandes zurückkehren wollen. In diesem Sinne: Bon voyage.

Falsch	Richtig
Wäre es möglich, an der Veranstaltung **teilnehmen zu dürfen**?	Wäre es möglich, an der Veranstaltung **teilzunehmen**? *Oder:* **Dürfte** ich an der Veranstaltung teilnehmen?

Falsch	Richtig
Ich habe das nicht **wollen**.	Ich habe das nicht **gewollt**.
Ich habe das nicht machen **gewollt**.	Ich habe das nicht machen **wollen**.
Am zweiten Tag nach seinem schweren Unfall hat er aufstehen **gekonnt**.	Am zweiten Tag nach seinem schweren Unfall hat er aufstehen **können**.
Die Kartoffelsuppe meiner Oma habe ich immer **mögen**.	Die Kartoffelsuppe meiner Oma habe ich immer **gemocht**.
Er hat die Hälfte seiner Geburtstagsgeschenke bei seinen Eltern lassen **gemusst**. Er konnte sie nicht alle tragen.	Er hat die Hälfte seiner Geburtstagsgeschenke bei seinen Eltern lassen **müssen**. Er konnte sie nicht alle tragen.
Weil seine Tante die Kohlen nicht mehr allein hochtragen konnte, hat er ihr jahrelang **müssen helfen**, bis endlich eine moderne Heizung eingebaut wurde.	Weil seine Tante die Kohlen nicht mehr allein hochtragen konnte, hat er ihr jahrelang **helfen müssen**, bis endlich eine moderne Heizung eingebaut wurde.

nähme/nehme

Für die korrekte Verwendung von Konjunktiv I und II bei indirekter Rede und Konditionalsätzen sollten Sie es mal mit folgendem Rezept versuchen. Sie werden mit Sicherheit auf den Geschmack kommen, wenn Sie erst feststellen: Es gelingt immer!

ZUTATEN

1 kg gemischte unregelmäßige Verben nach Gusto
(am besten frisch vom Markt oder Händler)

500 g indirekte Rede (Tiefkühlprodukt)
500 g irrationale Konditionalgefüge (Fertigprodukt)
Pfeffer
Salz

ZUBEREITUNG

Man nehme einen großen Topf mit hohem Rand und gebe die Hälfte der unregelmäßigen Verben, zum Beispiel **lesen**, **sein** und **sprechen**, hinein. Dann konjugiere man diese unter beständigem Rühren auf kleiner Flamme so lange durch, bis man beim **Konjunktiv I** angelangt ist, also bei **lese**, **sei** und **spreche**. Ist die Konjunktivmasse schön cremig und eingängig, so verbinde man sie mit der rechtzeitig aufgetauten **indirekten Rede** zu Sätzen wie »Er gestand, er **lese** am liebsten Liebesromane« sowie »Sie rief an und sagte, sie **sei** krank« und »Die Studenten sagten, der Professor **spreche** zu leise« und lasse das Ganze gut durchziehen.
Währenddessen erhitze man die andere Hälfte der unregelmäßigen Verben **lesen**, **sein** und **sprechen** in einer Pfanne und brate sie bei großer Hitze scharf an. Wenn sie bis zum **Konjunktiv II** durchkonjugiert, also gar sind, würze man die Formen **läse**, **wäre** und **spräche** mit Pfeffer und Salz, fülle damit die **irrationalen Konditionalgefüge** und forme sie zu Sätzen wie »Er behauptete, er **läse**, dabei hat er ferngesehen« sowie »Sie rief an und sagte, sie **wäre** krank« und »Ich würde ihn ja verstehen, wenn er nicht so schnell **spräche**«. Nun richte man die beiden Zutaten auf einem vorgewärmten Teller an und achte strengstens darauf, dass sich die beiden Gerichte nicht vermischen.
Zubereitungszeit: je nach Intelligenzquotient variabel
Pro Portion ca. 625 kcal/2625 kJ

REZEPTVARIATIONEN

Geht aus dem Konjunktiv I eines Verbs nicht eindeutig hervor, ob es sich um indirekte Rede im Konjunktiv I oder um einen Satz im Indikativ handelt, sollte stattdessen der Konjunktiv II verwendet

werden. »Marie sagte, sie mache sich Sorgen um mich. Ich **hätte** (statt habe) gestern schlecht ausgesehen.«
In abhängigen Sätzen mit einleitendem Wort kann auch bei indirekter Rede der Indikativ stehen. »Sie sagte, dass er schon wieder kein Geld hat.«
Will der Erzählende eigene Erklärungen in die indirekte Rede einfügen, so stehen diese im Indikativ. »Kolja sagte, er habe gestern geraucht. Das hat er noch nie getan.«
Will der Erzählende ausdrücken, dass er das von ihm Berichtete nicht glaubt, muss er den Konjunktiv II statt Konjunktiv I verwenden. »Connie sagte, sie hätte sich gestern hinter den Ohren gewaschen.«
Formulierungen mit **würde** in der indirekten Rede sind grundsätzlich zu vermeiden, außer der Erzählende möchte etwas Irreales berichten oder das Gesagte hat einen Zukunftsbezug.
Wir wünschen Ihnen gutes Gelingen und schon mal gesegneten Appetit.

Falsch	Richtig
Es wäre schön, wenn meine pubertierende Tochter gelegentlich einen Rat von mir **annehme**. Sie sagt aber immer nur, sie **nähme** mich nicht ernst.	Es wäre schön, wenn meine pubertierende Tochter gelegentlich einen Rat von mir **annähme**. Sie sagt aber immer nur, sie **nehme** mich nicht ernst.
Sie tat, als ob sie **schlafe**.	Sie tat, als ob sie **schliefe**.
Erbost erwiderte Sarah ihrem Bruder, dass sie seinen Forderungen um nichts in der Welt **nachgäbe**.	Erbost erwiderte Sarah ihrem Bruder, dass sie seinen Forderungen um nichts in der Welt **nachgebe**.

Falsch	Richtig
Der Prüfer fragte mich, ob ich mir zu dieser Aufgabe auch alternative Lösungswege überlegt **habe**.	Der Prüfer fragte mich, ob ich mir zu dieser Aufgabe auch alternative Lösungswege überlegt **hätte**.
Sie tut so, als ob sie überhaupt nichts von alle dem **wüsste**.	Sie tut so, als ob sie überhaupt nichts von alle dem **wisse**.
Als wir unsere Nachbarn nach dem Konzert zum Abendessen einluden, sagten sie, sie **würden** sich **freuen**.	Als wir unsere Nachbarn nach dem Konzert zum Abendessen einluden, sagten sie, sie **freuten** sich.
Der Schaffner versicherte den aufgebrachten Fahrgästen, der Zug **würde** pünktlich in Hamburg ankommen.	Der Schaffner versicherte den aufgebrachten Fahrgästen, der Zug **werde** pünktlich in Hamburg ankommen.
Der Angeklagte beteuerte, er **wäre** unschuldig. Doch leider konnte er kein Alibi vorweisen und wurde verurteilt.	Der Angeklagte beteuerte, er **sei** unschuldig. Doch leider konnte er kein Alibi vorweisen und wurde verurteilt.

nebst

Endlich mal wieder ein Anlass zum Jubeln für alle Dativ-Freunde, die Präposition **nebst** regiert nämlich den Dativ. Geben Sie ruhig Ihre höfliche Zurückhaltung auf, sobald Sie dem Wörtchen **nebst** begegnen, und fragen Sie genau nach: »Nebst wem?« Dann verwenden Sie automatisch den richtigen Kasus. Jetzt müssen Sie nur noch darauf achten, dass bei Sätzen mit Subjekt im Singular, das durch ein weiteres, mit **nebst** angeschlossenes attributives Substantiv (egal ob im Singular oder im Plural) ergänzt wird, auch das Verb im Singular stehen muss. Das richtet

sich nämlich immer nach dem Subjekt und will mit dem Attribut nichts zu tun haben – warum auch immer. Und schon machen Sie alles richtig.
Weil das jetzt alles so kurz und knapp und ganz und gar unkompliziert war und es auch nichts mit dem Genitiv zu streiten gab, freut sich diesmal der Dativ. Und wir freuen uns spontan ein bisschen mit. So schön kann Grammatik sein!

Falsch	Richtig
Im Thronsaal **fanden** sich ein die Fürstin **nebst** ihren Kindern.	Im Thronsaal **fand** sich ein die Fürstin **nebst** ihren Kindern.
Frau Melcher **nebst Familienangehöriger** war zu der Jubiläumsfeier eingeladen.	Frau Melcher **nebst Familienangehörigen** war zu der Jubiläumsfeier eingeladen.
Christiane **nebst ihre Mannschaftskolleginnen erschienen** zum Endspiel, obwohl sie in der Vorrunde ausgeschieden waren.	Christiane **nebst ihren Mannschaftskolleginnen erschien** zum Endspiel, obwohl sie in der Vorrunde ausgeschieden waren.
Ein fröhliches Weihnachtsfest und alles erdenklich Gute fürs neue Jahr **wünschen** dir Gertrud **nebst** Familie.	Ein fröhliches Weihnachtsfest und alles erdenklich Gute fürs neue Jahr **wünscht** dir Gertrud **nebst** Familie.

neu renoviert

♦ **Vor neu renovierten Wohnungen sollten Sie sich in Acht nehmen – zumindest sprachlich.**

Wenn Sie allen Ernstes glauben, eine **neu renovierte** Wohnung sei besser in Schuss als eine renovierte, dann seien Sie bei der Wohnungsbesichtigung bitte nicht enttäuscht. Sie haben da nämlich leider etwas missverstanden und sind zwar keinem win-

digen Makler oder Vermieter, dafür aber einem waschechten Pleonasmus aufgesessen.
Das Fremdwort **renovieren** stammt aus dem Lateinischen und bedeutet wörtlich übersetzt »erneuern« und da steckt – Überraschung! – das Adjektiv **neu** bereits drin. Ein zweites **neu** ist inhaltlich absolut überflüssig und somit entbehrlich, schließlich wird die Wohnung dadurch auch nicht neuer.
Am besten umgehen Sie diese Sprachfalle, indem Sie kritisch nachfragen und sich überlegen, ob der Zusatz nun inhaltlich überflüssig ist oder nicht.
Dabei gilt übrigens die gleiche Regel wie bei der Steigerung von → **optimal** und Co.: Weniger ist oft mehr! Wenn Sie sich das jetzt auf die Schnelle nicht merken können, dann haben wir hier noch etwas ganz Besonderes für Sie: Genauso furchtbar wie neu renovierte Wohnungen (aus sprachlicher Sicht) sind (zumindest aus Sicht des künftigen Mieters) alt renovierte Wohnungen. Da haben wir's doch schon: Sie wollen das eine nicht und die deutsche Grammatik braucht das andere nicht – insofern können Sie sich jeden Zusatz vor **renoviert** sparen.
Also üben Sie sich bitte künftig in hanseatischer Zurückhaltung, was neu renovierte Wohnungen, weiße Schimmel, kooperative Zusammenarbeit, wesentliche Essentials, integrale Bestandteile, aufoktroyierte Dinge, Voraussetzungen, die mit zu den wichtigsten gehören, und dergleichen angeht.
Halten Sie sich lieber an den Rat »Erst denken, dann sprechen« und überlegen Sie vorher, was Sie sagen oder schreiben wollen. Sonst kann es möglich sein, dass Ihrem vor Schreck entsetzten Gegenüber die Gesichtsmimik entgleist. Und das wäre nun wirklich überflüssig, oder?

Falsch	Richtig
Euer Fußboden sieht ja toll aus! Habt ihr ihn **neu renoviert**?	Euer Fußboden sieht ja toll aus! Habt ihr ihn **renoviert**?

Falsch	Richtig
Der junge Vater war sich nicht sicher, ob die Hebamme sein Baby vertauscht hatte. Es **konnte** durchaus **möglich** sein.	Der junge Vater war sich nicht sicher, ob die Hebamme sein Baby vertauscht hatte. Es **war** durchaus **möglich**.
Ich freue mich, den Bürgern mitteilen zu dürfen, dass der Gemeinderat dem Antrag, das Rathaus **neu** zu **renovieren**, zugestimmt hat.	Ich freue mich, den Bürgern mitteilen zu dürfen, dass der Gemeinderat dem Antrag, das Rathaus zu **renovieren**, zugestimmt hat.

nicht

Wer mit **nicht** nicht richtig umgehen kann, hat es nicht leicht. Denn dieses entweder als Adverb oder als Partikel einsetzbare Wörtchen hält so manche Tücke für die geplagten Anwender der deutschen Sprache parat. Allerdings gilt hier die Maxime: Geht nicht gibt's nicht! Will heißen, wir lassen keine Ausrede gelten, denn den richtigen Gebrauch von **nicht** kann jeder lernen.
Wie, Sie wollen das nicht glauben? Nicht doch! Lesen Sie erst mal in Ruhe die folgenden Punkte durch, dann sehen wir weiter:

- Im Anschluss an einen Hauptsatz mit einem Verb, das bereits etwas Negatives ausdrückt, muss der eventuell folgende Nebensatz ohne den Partikel **nicht** stehen.
- Wird in einem Hauptsatz bereits eine Negation ausgedrückt und schließt sich der folgende Nebensatz mit einer ebenfalls verneinenden Konjunktion an, so muss dieser Nebensatz ohne den Partikel **nicht** stehen.

Was dagegen die Stellung von **nicht** innerhalb eines Satzes angeht, so gilt: Je nachdem, wo Sie das Wörtchen platzieren, kann es den Sinn der jeweiligen Aussage verändern oder – im Extremfall – erheblich durcheinander bringen. Für ersteren Fall sind Sie selbst verantwortlich, je nachdem, was Sie sagen oder schreiben wollen. Beim zweiten Fall hat die GAB Ihre Handlungsfreiheit jedoch in einem Punkt eingeschränkt. Seien Sie aber bitte nicht gleich beleidigt, sondern sehen Sie sich die Regel ruhig mal an, sie ist durchaus sinnvoll:

- Ist das Verb in einem Satz eng mit den anderen Satzgliedern verbunden, so darf es nicht von ihnen getrennt werden, schon gar nicht durch das Wörtchen **nicht**.

Sagen Sie jetzt bloß nicht, das alles sei Ihnen immer noch nicht geheuer. Sonst müssen wir Ihnen an dieser Stelle nämlich leider sagen, dass Sie die deutsche Grammatik nicht nur nicht beherrschen, sondern nie in den Griff bekommen werden. Und das wäre nun wirklich nicht schön.

Falsch	Richtig
Sie hätte es vielleicht so sagen **nicht** sollen.	Sie hätte es vielleicht so **nicht** sagen sollen.
Die Mutter warnte ihren Sohn: »Du gehst **nicht** zu deinem Freund, bevor du **nicht** dein Zimmer aufgeräumt hast.«	Die Mutter warnte ihren Sohn: »Du gehst **nicht** zu deinem Freund, bevor du dein Zimmer aufgeräumt hast.«
Otto ging es so schlecht gestern, er ist zu Christophs Einweihungsparty **nicht** gegangen.	Otto ging es so schlecht gestern, er ist **nicht** zu Christophs Einweihungsparty gegangen.
Der Wilderer **leugnete**, den Fasan **nicht** abgeschossen zu haben.	Der Wilderer **leugnete**, den Fasan abgeschossen zu haben.
Rosi **rät** ihrer Freundin Gerlinde immer wieder **ab**, diese Miniröcke mit Rüschen **nicht** zu kaufen.	Rosi **rät** ihrer Freundin Gerlinde immer wieder **ab**, diese Miniröcke mit Rüschen zu kaufen.

Entweder	Oder
Ich glaube **nicht**, dass sie lügt.	Ich glaube, dass sie **nicht** lügt.
Ich habe **nicht** das Auto gekauft.	Ich habe das Auto **nicht** gekauft.
Max konnte **nicht** erkennen, dass Anuschka aus Russland kam.	Max konnte erkennen, dass Anuschka **nicht** aus Russland kam.
Nicht alle Schüler haben die Hausaufgaben gemacht.	Alle Schüler haben die Hausaufgaben **nicht** gemacht.

niemand

Wer hat Angst vorm schwarzen Grammatikmann?
Niemand?
Na gut, dann laufen Sie jetzt bitte auch nicht davon, sondern beweisen Sie Ihren Mut und stellen Sie sich den hinterhältigen Fallen, mit denen das Indefinitpronomen **niemand** auf Sie wartet.

- Folgt nach **niemand** ein Relativsatz, so muss **der** als Relativpronomen stehen und nicht »welcher« oder »wer«.
- Steht nach **niemand** die Präposition **außer**, so schließt sich generell der Dativ an. Wird **außer** jedoch als Konjunktion benutzt, so kann das folgende Wort auch im selben Kasus wie das jeweilige Bezugswort stehen.
- Wird **niemand** dekliniert, so muss im Dativ die starke und nicht die schwache Beugung gewählt werden (also **niemand/ niemandem** und nicht **niemanden**). Im Akkusativ steht häufiger die endungslose Form (also **niemand** statt **niemanden**).
- Folgt nach **niemand** das Adverb **anders**, wird bevorzugt die endungslose statt der deklinierten Form verwendet.
- Wird mit **niemand** ein Vergleich ausgedrückt, so fordert es den Partikel **als** und nicht »wie«.

Wollen Sie ein grammatikalischer Niemand bleiben, so haken Sie das Indefinitpronomen an dieser Stelle einfach ab und lesen Sie beim nächsten Eintrag weiter. Wenn Sie sich dagegen die paar Regeln, die man immerhin gerade noch an einer Hand abzählen kann, merken und die Beispielsätze genau ansehen, so werden Sie garantiert nie wieder sprachliches Niemandsland betreten. Ist das nicht ein bisschen Arbeit wert?

Falsch	Richtig
In der neuen Stadt war er **niemandems** Freund.	In der neuen Stadt war er **niemandes/niemands** Freund.
Sarah war enttäuscht. Auf der Singleparty gab es **niemand, wer** ihr gefiel.	Sarah war enttäuscht. Auf der Singleparty gab es **niemand, der** ihr gefiel.
Der Empfang war furchtbar. Ich habe mich mit **niemanden** unterhalten.	Der Empfang war furchtbar. Ich habe mich mit **niemand/ niemandem** unterhalten.
Für diesen hochkomplizierten Job gibt es niemand Besseren **wie** Hans.	Für diesen hochkomplizierten Job gibt es niemand Besseren **als** Hans.

Entweder	Oder
Das würde sich bald ändern. Er kannte einfach noch **niemanden**.	Das würde sich bald ändern. Er kannte einfach noch **niemand**.
Anne wird mich lynchen. **Niemand** konnte das Geheimnis ausplaudern **außer mir**.	Anne wird mich lynchen. **Niemand** konnte das Geheimnis ausplaudern **außer ich**.
Brigitte zog sich von allen zurück. Sie wollte mit **niemandem** zu tun haben.	Brigitte zog sich von allen zurück. Sie wollte mit **niemand** zu tun haben.

Entweder	Oder
Der kleine Junge war sehr eifersüchtig. Er duldete **niemand anderen** in seiner Nähe, wenn er bei Mama auf dem Schoß saß.	Der kleine Junge war sehr eifersüchtig. Er duldete **niemand anderes** in seiner Nähe, wenn er bei Mama auf dem Schoß saß.
Es war so dunkel. Ich habe **niemanden** gesehen.	Es war so dunkel. Ich habe **niemand** gesehen.

niesen

Wenn Sie beim **Niesen** nicht aufpassen, haben Sie unter Umständen nicht nur mit Heuschnupfen oder einer Erkältung zu kämpfen, sondern kommen zu allem Übel auch noch grammatikalisch ins Schwitzen.
Wollen Sie sich trotz Niesens das Genießen nicht vermiesen lassen, dann sollten Sie Folgendes verinnerlichen:
Da das Verb niesen regelmäßig ist, findet bei der Konjugation keine Verschiebung von Vokalen statt. Es heißt also niesen, nieste, geniest.
Von **genossen** kann hier also keine Rede sein, außer Sie sind Mitglied in der Sozialdemokratischen Partei und kennen den Unterschied zwischen Groß- und Kleinschreibung nicht. Das wäre zwar tragisch, tut hier jetzt aber nichts zur Sache.
Wichtig ist vielmehr: Wenn Sie die oben genannte Regel beherzigen, sollte Ihre grammatikalische Gesundheit auch in den kommenden harten Wintern nicht gefährdet sein, es sei denn ... Sie wollen doch jetzt nicht etwa allen Ernstes behaupten, dass Sie Ihren Schnupfen prinzipiell genießen?

Falsch	Richtig
Bert hat gleich bemerkt, dass Ernie erkältet ist. Schon gestern hatte er den ganzen Tag **genossen**.	Bert hat gleich bemerkt, dass Ernie erkältet ist. Schon gestern hatte er den ganzen Tag **geniest**.
Wenn Elisabeth den ganzen Tag **noss**, **genieste** sie abends ein Erkältungsbad. Das half immer.	Wenn Elisabeth den ganzen Tag **nieste**, **genoss** sie abends ein Erkältungsbad. Das half immer.
Hilfe, hat der gerade laut **genossen**. Ich bin richtig erschrocken.	Hilfe, hat der gerade laut **geniest**. Ich bin richtig erschrocken.

Niet/Niete

Wenn Sie sich dabei erwischen lassen, wie Sie die **Niete**, die zugleich ein **Niet** ist, mit einer **Niete** verwechseln, entpuppen Sie sich sofort als sprachliche **Niete**.

Dagegen sollten Sie unbedingt etwas tun, zum Beispiel sich einmal kurz den Unterschied vergegenwärtigen und ihn dann nie wieder vergessen. Einverstanden? Also gut:

Sowohl das maskuline **Niet** als auch das feminine **Niete** sind Bezeichnungen für einen Metallbolzen und können jederzeit gegeneinander ausgetauscht werden. Das Erste ist ein Fachbegriff, das Zweite allgemeinsprachlich.

So weit, so gut. Doch um die Sachlage nicht gar so simpel zu gestalten, haben sich ein paar von den klugen Leuten vor langer Zeit eine kleine Gemeinheit einfallen lassen. Und zwar haben sie sich zu dem femininen Begriff **Niete** einfach ein Homonym ausgedacht: die **Niete**. Darunter versteht man zum einen ein Los ohne Gewinn und zum anderen einen Menschen, der zu nichts taugt.

So, nun sind Sie im Bilde.

Falsch	Richtig
Das gibt's doch nicht! Ich habe am Losestand wieder nur **Niete** gezogen.	Das gibt's doch nicht! Ich habe am Losestand wieder nur **Nieten** gezogen.
Steffen ist **ein echter Niet**, er hat sein Versprechen, mir beim Renovieren zu helfen, schon wieder nicht gehalten.	Steffen ist **eine echte Niete**, er hat sein Versprechen, mir beim Renovieren zu helfen, schon wieder nicht gehalten.
Claudia und Melanie versuchten sich vorm Sportunterricht zu drücken, so oft sie konnten, denn in Basketball waren sie absolute **Niete**.	Claudia und Melanie versuchten sich vorm Sportunterricht zu drücken, so oft sie konnten, denn in Basketball waren sie absolute **Nieten**.

Entweder	Oder
Die Bleche für die Außenhaut des Dampfers sind mit einer gewaltigen Anzahl **Nieten** zusammengehalten.	Die Bleche für die Außenhaut des Dampfers sind mit einer gewaltigen Anzahl **Niete** zusammengehalten.
Egon trieb zur Sicherheit noch **eine weitere Niete** in das Blech.	Egon trieb zur Sicherheit noch **einen weiteren Niet** in das Blech.
Bettina hatte sich einen neuen Gürtel gekauft, den zahlreiche **Nieten** zierten.	Bettina hatte sich einen neuen Gürtel gekauft, den zahlreiche **Niete** zierten.

nochmalig/nochmals

Nochmalig und **nochmals** klingen zwar wie zweieiige Zwillinge, dennoch handelt es sich dabei um zwei völlig verschiedene Wortarten, die nicht miteinander verwechselt und/oder synonym verwendet werden dürfen. Die beiden sind nämlich höchstens Wortcousins dritten Grades, und die sollten von Ihnen ebenso wenig willkürlich ausgetauscht werden wie echte Cousins von ihren Müttern. Auch wenn diese sicher ab und an durchaus Lust dazu hätten.

Das Adjektiv **nochmalig** drückt aus, dass eine Sache wiederholt geschieht, vorfällt oder getan wird, und steht grundsätzlich als Attribut vor Substantiven. Das Adverb **nochmals** dagegen bedeutet »erneut, noch einmal« und darf nicht attributiv verwendet und daher auch keinesfalls gebeugt werden. Oder haben Sie etwa schon wieder vergessen, wie schmerzhaft so ein → **abber Arm** sein kann?

Sollten Sie sich für die charakterbildenden Maßnahmen der oben genannten Mütter interessieren, so seien Ihnen die einschlägigen Erziehungsratgeber empfohlen. Wenn Sie dagegen Anteil am Schicksal der Wörter **nochmals** und **nochmalig** zeigen wollen, so lesen Sie diesen Eintrag bitte nochmals und nochmals und nochmals – so lange, bis Sie ihn auswendig können.

Falsch	Richtig
Der Hausmeister sprach gegenüber den Mietern des Mehrfamilienhauses die **nochmale** Aufforderung aus, keine Fahrräder ins Treppenhaus zu stellen.	Der Hausmeister sprach gegenüber den Mietern des Mehrfamilienhauses die **nochmalige** Aufforderung aus, keine Fahrräder ins Treppenhaus zu stellen.
Sollte er **nochmalig** wegen des Lärms zu seinen Nachbarn gehen müssen, würde er die Polizei rufen.	Sollte er **nochmals** wegen des Lärms zu seinen Nachbarn gehen müssen, würde er die Polizei rufen.
Der Aufseher bei der Zwischenprüfung berichtete von dem **nochmalen** Täuschungsversuch eines Studenten.	Der Aufseher bei der Zwischenprüfung berichtete von dem **nochmaligen** Täuschungsversuch eines Studenten.

Falsch	Richtig
Schüler die **nochmalig** beim Rauchen erwischt werden, haben mit empfindlichen Strafen zu rechnen.	Schüler die **nochmals** beim Rauchen erwischt werden, haben mit empfindlichen Strafen zu rechnen.
Sollte ich **nochmalig** wegen des starken Berufsverkehrs zu spät zur Arbeit kommen, werde ich mit der U-Bahn fahren.	Sollte ich **nochmals** wegen des starken Berufsverkehrs zu spät zur Arbeit kommen, werde ich mit der U-Bahn fahren.

nördlich

Stellvertretend für alle anderen Himmelsrichtungen sei dieser grammatikalische Stolperstein am Beispiel von **nördlich** erläutert.

- Wird **nördlich** als Präposition verwendet, so muss der folgende Name oder das folgende Substantiv gebeugt werden, und zwar im Genitiv.
- Schließt sich an **nördlich** die Präposition »von« an, so wird der folgende Name oder das folgende Substantiv nicht gebeugt.
- Während das Adverb **nordwärts** eine Richtung kennzeichnet, beschreibt das Adjektiv **nördlich** die Lage von etwas. Die beiden lassen sich mit Hilfe von Fragen unterscheiden: »Wohin?« bei **nordwärts** und »Wo?« bei **nördlich**.

Über eines sollten Sie sich allerdings im Klaren sein: Wenn Sie das Substantiv oder den Namen nach **nördlich** nicht beugen, befinden Sie sich auf jeden Fall jenseitig (egal ob nördlich, östlich, südlich oder westlich) aller Grammatikregeln.

Falsch	Richtig
Nördlich dem Weißwurstäquator essen sie so gut wie keinen süßen Senf.	**Nördlich des Weißwurstäquators** essen sie so gut wie keinen süßen Senf.
Ostwärts von München liegt die tschechische Grenze.	**Östlich** von München liegt die tschechische Grenze.
Südlich Nürnberg hatten sie einen Platten und mussten erst einmal den Reifen wechseln, bevor sie ihre Fahrt fortsetzen konnten.	**Südlich Nürnbergs/Südlich von Nürnberg** hatten sie einen Platten und mussten erst einmal den Reifen wechseln, bevor sie ihre Fahrt fortsetzen konnten.
Die Vögel versammelten sich auf der großen Lichtung und flogen anschließend **südlich**.	Die Vögel versammelten sich auf der großen Lichtung und flogen anschließend **südwärts**.
Westlich des Rhein dreht der Wind und kommt plötzlich aus der Gegenrichtung.	**Westlich des Rheins** dreht der Wind und kommt plötzlich aus der Gegenrichtung.
Nein, hier war das nicht. Sie fanden die Leiche des alten Mannes **nordwärts** der Schienen.	Nein, hier war das nicht. Sie fanden die Leiche des alten Mannes **nördlich** der Schienen.

nötig/notwendig

♦ Von nötigen Regeln und notwendigen Übeln

Wenn Sie glauben, dass Sie es nicht nötig haben, sich mit diesem Eintrag zu beschäftigen, dann blättern Sie ruhig zum nächsten weiter. Doch Vorsicht: Auf den ersten Blick mag die Frage »Nötig oder notwendig?« zwar recht harmlos und unproblematisch wirken. Trotzdem sollten Sie besser genau hinsehen, denn wieder einmal kommt es auf die Details an. Nicht umsonst handelt es sich hierbei um eine recht vertrackte Falle der deutschen Sprache. Wir versuchen dennoch, uns an dieser Stelle auf das Notwendige zu beschränken:

- Wird **notwendig** im Sinne von »zwangsläufig« gebraucht, so kann es nicht durch **nötig** ersetzt werden.
- Wird **nötig** im Sinne von »benötigen« oder »brauchen« verwendet, verbindet es sich mit **haben** und kann nicht durch **notwendig** ersetzt werden.
- Zusammen mit **sein** lassen sich **nötig** und **notwendig** in den meisten Fällen austauschen.
- Das Gleiche gilt in Verbindung mit anderen Verben.

Gehen Sie also bitte mit dem nötigen Ernst an die Sache heran und nehmen Sie diese Stolperfalle nicht auf die leichte Schulter. Sonst unterstellt Ihnen womöglich noch jemand, es fehle Ihnen an der nötigen grammatikalischen Reife, oder gar, es mangele Ihnen an den notwendigen Fähigkeiten. Und das geht nun wirklich nicht.

Falsch	Richtig
Hatte Frank es wirklich **notwendig**, sich das Gezeter seiner Nachbarin anzuhören?	Hatte Frank es wirklich **nötig**, sich das Gezeter seiner Nachbarin anzuhören?
Franka ist so gut in Spanisch. Sie hat es gar nicht **notwendig**, auf das Examen zu lernen.	Franka ist so gut in Spanisch. Sie hat es gar nicht **nötig**, auf das Examen zu lernen.
Für Franka ist es nicht **nötig**, auf das Examen zu lernen. Sie ist so gut in Spanisch.	Für Franka ist es nicht **notwendig**, auf das Examen zu lernen. Sie ist so gut in Spanisch.
So ein hinreißendes Geschenk. Das wäre doch nicht **notwendig** gewesen!	So ein hinreißendes Geschenk. Das wäre doch nicht **nötig** gewesen!

Falsch	Richtig
Darüber braucht Philip sich nicht zu wundern, das ist die **nötige** Konsequenz aus seinem Tun.	Darüber braucht Philip sich nicht zu wundern, das ist die **notwendige** Konsequenz aus seinem Tun.

Entweder	Oder
Klaus hat hohes Fieber. Bettruhe ist in seinem Fall dringend **nötig.**	Klaus hat hohes Fieber. Bettruhe ist in seinem Fall dringend **notwendig**.
Es war absolut **nötig**, eine neue Waschmaschine zu kaufen.	Es war absolut **notwendig**, eine neue Waschmaschine zu kaufen.
Eine Streichung des Weihnachtsgeldes hat sich glücklicherweise nicht als **nötig** erwiesen.	Eine Streichung des Weihnachtsgeldes hat sich glücklicherweise nicht als **notwendig** erwiesen.

optimal

◆ **Von optimalsten Lösungen, die grammatikalisch gesehen leider nur suboptimal sind**

Auch wenn es Ihnen schwer fällt, beim Steigern von Adjektiven sollten Sie Ihrer Neigung zum Übertreiben nicht jederzeit und vor allem nicht völlig hemmungslos nachgeben, auch wenn eine Sache tatsächlich mal mehr als super ist. Doch keine Sorge – Ihrer Begeisterung muss das noch lange keinen Abbruch tun. Sie sollten sich nur einmal grundsätzlich mit der optimalen Nutzung von **optimal** auseinander setzen und sich die folgenden Regeln zu Gemüte führen:

- Adjektive dürfen nur dann gesteigert werden, wenn sie die Art von etwas oder jemandem beschreiben (lang, länger, am längsten; kalt, kälter, am kältesten; klein, kleiner, am kleinsten).
- Dies gilt nicht für Adjektive, die einen Zustand beschreiben oder im Positiv bereits die höchste oder niedrigste Stufe von etwas ausdrücken (maximal, minimal, sterblich, einzig).
- Werden Adjektive als Attribut oder Beschreibung einer Art verwendet, sind sie nicht steigerbar (dortig, quitt).
- Adjektive, die auf -los enden und etwas Konkretes aussagen, können nicht gesteigert werden (endlos, kinderlos, zuckerlos).
- Adjektive, die aus mehreren Bestandteilen zusammengesetzt sind, von denen einer bereits eine Verstärkung ausdrückt, dürfen nicht gesteigert werden (blutjung, schneeweiß, dunkelgrün).

Natürlich ist es wunderbar, wenn Sie angesichts des so oft beklagten Zustands dieses Landes überhaupt noch optimistisch und begeisterungsfähig sind und dem auch Ausdruck verleihen wollen. Und selbstverständlich soll es auch einem jeden von Ihnen erlaubt sein, seinem Enthusiasmus für eine Sache durch die Verwendung diverser Vergleichsformen Ausdruck zu verleihen. Doch müssen Sie gleich vor Freude und Überschwang übers Ziel hinausschießen?
Seien wir doch mal ehrlich: So originell sich Kreationen wie »Deutschlands meiste Kreditkarte« oder Steigerungsformen wie **bestaussehendst** anhören, um das Optimum an sprachlicher Korrektheit handelt es sich dabei nicht. So gut kann gar niemand aussehen, dass diese grammatikalische Form erlaubt werden könnte.
Damit Sie auch in Zukunft Ihrer Begeisterung jederzeit den optimalen Ausdruck verleihen können, finden Sie hier nun eine Liste mit den gebräuchlichsten nicht steigerbaren Adjektiven. Die Beispielsätze dürfen Sie sich zur Abwechslung mal selbst ausdenken.

Falsch	Richtig	Falsch	Richtig
einzigst	einzig	meistgenanntest	meistgenannt
totalst	total	universalst	universal
schnellstmöglichst	schnellstmöglich	perfektest	perfekt
erstklassigst	erstklassig	maximalst	maximal
minimalst	minimal	höchstgelegenst	höchstgelegen
universalst	universal	endgültigst	endgültig
bestbezahltest	bestbezahlt	extremst	extrem
nächststehendst	nächststehend	bestmöglichst	bestmöglich
meistgekauftest	meistgekauft	bestbewährtest	bestbewährt
höchstmöglichst	höchstmöglich	nächstliegendst	nächstliegend
aktuellst	aktuell	kleinstmöglichst	kleinstmöglich
größtmöglichst	größtmöglich	keinstenfalls	keinesfalls

Personennamen → **August der Starke**

Pleonasmus → **neu renoviert**

Possessivpronomen → **seine/ihre**

Praktikum

Der korrekte Plural von **Praktikum** lautet **Praktika** und nicht **Praktikas** oder gar **Praktikums.** Nur fürs Protokoll: **Praktiken**

kommt übrigens von **Praktik** und hat hiermit gar nichts zu tun, deshalb ist es jetzt auch nicht weiter von Belang.
Praktische Lösungsansätze für dieses grammatikalische Problem kaufen Sie am besten bei Praktiker, dem unschlagbar preisgünstigen Baumarkt. Dort gibt's nämlich gerade 20 Prozent auf alles außer Tiernahrung – allerdings nur solange der Vorrat reicht. Sie sollten sich also besser beeilen. Falls Sie nicht so weit fahren wollen, lesen Sie einfach noch mal die entsprechenden Einträge bei → **Antibiotikum** oder → **Lexikon** nach.
Sollte Ihnen all das wider Erwarten nicht weiterhelfen, so sei Ihnen dringend ein Praktikum bei der Duden-Sprachberatung empfohlen. Ihre aussagekräftige Bewerbung richten Sie bitte direkt an die zuständige Sachbearbeiterin in Mannheim und nicht an die Autorin oder den Verlag dieses Buches.

Falsch	Richtig
Trotz mehrerer **Praktikums** fand sie keine Stelle, da sie angeblich zu wenig Berufserfahrung hatte.	Trotz mehrerer **Praktika** fand sie keine Stelle, da sie angeblich zu wenig Berufserfahrung hatte.
Bei drei ihrer **Praktikas** hatte Janina wenigstens eine Aufwandsentschädigung erhalten, doch diesmal wollte die Firma gar nichts zahlen.	Bei drei ihrer **Praktika** hatte Janina wenigstens eine Aufwandsentschädigung erhalten, doch diesmal wollte die Firma gar nichts zahlen.
Wir danken für Ihre Anfrage. Leider vergeben wir keine **Praktikums** an Minderjährige.	Wir danken für Ihre Anfrage. Leider vergeben wir keine **Praktika** an Minderjährige.

Pronominaladverbien → damit und → über was/worüber

quellen

Der falsche Gebrauch von **quellen** ist eine Quelle wachsender Grammatikfehler, und tatsächlich ist diese Grammatikfalle ziemlich vertrackt. Informationen aus zuverlässiger Quelle deuten darauf hin, dass die GAB derzeit die Erhebung einer Quellensteuer für militante Sprachsünder erhebt. Die Eingabe werde derzeit angeblich noch vom Bundesgrammatikgerichtshof geprüft, die einmütige Zustimmung sei allerdings wahrscheinlich, so heißt es. Wenn Sie der Meinung sind, dass Sie in diesem Leben bereits genug Steuern zahlen, dann sollten Sie schleunigst handeln und sich mit dem korrekten Gebrauch dieses Verbs auseinander setzen. Von den gesparten Steuern können Sie dann ja wieder anfangen zu rauchen – falls Sie tatsächlich wegen der kontinuierlichen Erhöhung der Tabaksteuer aufgehört haben sollten.

Von dem Verb **quellen** gibt es wie von ➜ **hängen** eine transitive und eine intransitive Variante. Besonders verwirrend ist dabei die Tatsache, dass die beiden sich in ihrer Bedeutung erheblich unterscheiden. Das transitive Verb **quellen** bedeutet »im Wasser weich werden lassen« oder »durch Wasser aufweichen und sich ausdehnen«. Es drückt keine aktive Handlung aus, ist also passivisch, und wird regelmäßig konjugiert (quellen, quellte, gequellt). Das intransitive **quellen** dagegen heißt »aus einer Öffnung drängen, hervorsprudeln«. Es ist aktivisch und wird unregelmäßig konjugiert (quellen, quoll, gequollen). Noch mal in aller Kürze zum Mitschreiben:

- **quellen aktiv = drängen, hervorsprudeln = unregelmäßig**
- **quellen passiv = aufweichen, ausdehnen = regelmäßig**

Und dass Dinge, die wild und schnell aus etwas hervorsprudeln, in der Regel unordentlich sind und damit zwangsläufig unregelmäßig gebeugt werden müssen, versteht sich doch hoffentlich von selbst, oder?

Sollte Ihr Hirn nun vor Verwirrung überquellen (nicht -quillen bitte!), so lesen Sie schnell noch mal bei ➜ **hängen** nach, wie das mit den transitiven und intransitiven Verben, der entsprechenden mathematischen Formel und Ihrem roten Notizbüchlein oder dem multifunktionalen Handy war. Eines von beiden sollten Sie sich spätestens jetzt dringend anschaffen.

Falsch	Richtig
Aus der Wohnung im obersten Stockwerk **quellten** dicke Rauchschwaden.	Aus der Wohnung im obersten Stockwerk **quollen** dicke Rauchschwaden.
Für einen Gemüseeintopf sollten getrocknete Hülsenfrüchte über Nacht in Wasser **quillen**.	Für einen Gemüseeintopf sollten getrocknete Hülsenfrüchte über Nacht in Wasser **quellen**.
Aus der brennenden Scheune von Bauer Schmidt **quellt** dichter Rauch.	Aus der brennenden Scheune von Bauer Schmidt **quillt** dichter Rauch.
Die Dielenbretter waren über Nacht **gequollen**, weil sie im Regen draußen gelegen hatten.	Die Dielenbretter waren über Nacht **gequellt**, weil sie im Regen draußen gelegen hatten.
Das Wasser **quillte** schon durch das Leck im Boot und sie drohten zu sinken.	Das Wasser **quoll** schon durch das Leck im Boot und sie drohten zu sinken.
Marie **quoll** die Trockenbohnen über Nacht in Wasser, um sie am nächsten Tag zu verarbeiten.	Marie **quellte** die Trockenbohnen über Nacht in Wasser, um sie am nächsten Tag zu verarbeiten.
»Bitte kommen Sie schnell mit Ihrer Pumpe!«, rief Karin den Feuerwehrmännern zu. »Das Wasser **quellt** in unserem Keller schon durch die Grundmauern!«	»Bitte kommen Sie schnell mit Ihrer Pumpe!«, rief Karin den Feuerwehrmännern zu. »Das Wasser **quillt** in unserem Keller schon durch die Grundmauern!«

radebrechen

Ganz im Gegensatz zu all den schönen Beispielen für unregelmäßige Konjugation bei Verben, wie zum Beispiel bei → **schelten** oder → **vergess/vergiss**, wird radebrechen regelmäßig gebeugt, das heißt, der Stammvokal **e** in der zweiten und dritten Person Singular im Präsens ebenso wie im Imperativ wechselt nicht zu **i**. Besondere Merkregeln gibt es hier leider keine, nur einen frommen Wunsch von Seiten der GAB: Radebrechen Sie bitte nicht weiter herum, sondern merken Sie sich das Ganze – für immer.

Falsch	Richtig
So wie du **radebrichst**, wirst du wohl nicht weit kommen.	So wie du **radebrechst**, wirst du wohl nicht weit kommen.
Als er in Ravenna nach dem Weg fragen wollte, **radebrach** er so mit seinem schlechten Italienisch, dass niemand ihn verstand.	Als er in Ravenna nach dem Weg fragen wollte, **radebrechte** er so mit seinem schlechten Italienisch, dass niemand ihn verstand.
Der Spanier von heute Morgen hat so sehr **radegebrochen**, dass wir alle nicht wussten, was er von uns wollte.	Der Spanier von heute Morgen hat so sehr **geradebrecht**, dass wir alle nicht wussten, was er von uns wollte.

rational/rationell

Die Adjektive **rational** und **rationell** dürfen keineswegs, auch wenn ihr falscher Gebrauch äußerst gebräuchlich ist, wie Synonyme verwendet werden. Denn während **rational** »vernunftmäßig« bedeutet, versteht man unter rationell »wirtschaftlich« oder »zweckmäßig« – die beiden unterscheiden sich also in ihrer Bedeutung.

Das Gemeine an dieser Sprachhürde ist, dass dieser Bedeutungsunterschied nicht bei allen Adjektiven mit gleichem Wortstamm,

von denen es eine Variante auf **-al** und eine auf **-ell** gibt, zutrifft. So lassen sich beispielsweise »virtuell« und »virtual« genauso austauschen wie »personal« und »personell«. Bei welchen Adverbien nun ein Unterschied in der Bedeutung besteht und bei welchen nicht, dafür gibt es leider keine eindeutige Regel, das heißt, Sie müssen die Jungs und Mädels ebenso wie deren Bedeutungen kennen, um hier keine Fehler zu machen.
Aber versinken Sie jetzt bitte nicht in Selbstmitleid und vergeuden Sie Ihre wertvollen Tage nicht mit der Kultivierung von Minderwertigkeitskomplexen, nur weil Sie die Adjektive, auf die das zutrifft, nicht allesamt parat haben. In derselben Zeit könnten Sie nämlich genauso gut auswendig lernen, welche Formen austauschbar sind und welche nicht.
Deshalb gilt: Je rationaler Sie an die Sache herangehen, desto rationeller ist das Ergebnis. In diesem Sinne fröhliches Rationalisieren Ihres Sprachgebrauchs!

Falsch	Richtig
Mit einer Maschine wie dieser wird die Produktion wesentlich effektiver und **rationaler**.	Mit einer Maschine wie dieser wird die Produktion wesentlich effektiver und **rationeller**.
In Mathematik nahmen sie gerade die **rationellen** Zahlen durch und Erik verstand nur Bahnhof.	In Mathematik nahmen sie gerade die **rationalen** Zahlen durch und Erik verstand nur Bahnhof.
Da kann er trainieren, so viel er will. Gegen Dieter wird er nie eine **reale** Chance haben.	Da kann er trainieren, so viel er will. Gegen Dieter wird er nie eine **reelle** Chance haben.
Wie kannst du das sagen? Das war doch nur ein Film und hat mit der **reellen** Welt nichts zu tun!	Wie kannst du das sagen? Das war doch nur ein Film und hat mit der **realen** Welt nichts zu tun!

Falsch	Richtig
Gestern war **ideelles** Wetter zum Skifahren. Die Kinder waren den ganzen Tag draußen.	Gestern war **ideales** Wetter zum Skifahren. Die Kinder waren den ganzen Tag draußen.
Xaver und Vera harmonieren auf **idealer** Ebene sehr gut. Sie haben oft die gleichen Ansichten.	Xaver und Vera harmonieren auf **ideeller** Ebene sehr gut. Sie haben oft die gleichen Ansichten.

Relativpronomen → deren

Rücksicht

Das mit der **Rücksicht** ist so eine Sache in der heutigen Zeit, schließlich ist sich ein jeder selbst der Nächste, und wer nicht aufpasst und rechtzeitig die Ellbogen ausfährt, kann schon mal den Kürzeren ziehen. Und wer will das schon?

Ein bisschen mehr **Rücksicht auf** die deutsche Sprache könnte dem einen oder anderen von Ihnen sicher trotzdem nicht schaden. Schließlich kann sich die arme Sprache nicht wehren, wenn sie verballhornt wird, und »Aua!« schreien kann sie auch nicht, selbst wenn die Menschen zunehmend **Rücksicht in** sie nehmen – und ihr damit nur noch mehr Schmerzen zufügen.

Sie können es drehen, wie Sie wollen, es heißt nun mal **Rücksicht auf** und nicht **in** jemanden oder etwas nehmen.

Ähnlich rücksichtslos gehen die meisten Sprachanwender mit dem Adjektiv **rücksichtsvoll** um. Denn auch hier gilt, und da beißt die Maus keinen Faden ab, es muss heißen: **rücksichtsvoll gegen** jemanden oder **gegenüber** jemandem oder etwas, und nicht **rücksichtsvoll mit** oder **zu** jemandem oder etwas sein.

Also: Bitte reden und schreiben Sie vorsichtig – für mehr Rücksicht im Sprachstraßenverkehr!

Falsch	Richtig
Die Lehrerin bemüht sich, **Rücksicht in** die schwächeren Schüler zu nehmen.	Die Lehrerin bemüht sich, **Rücksicht auf** die schwächeren Schüler zu nehmen.
Autofahrer sind nicht immer **rücksichtsvoll zu** anderen Verkehrsteilnehmern.	Autofahrer sind nicht immer **rücksichtsvoll gegenüber** anderen Verkehrsteilnehmern.
Sie haben **Rücksicht in** seine Kurzatmigkeit genommen und sind langsam gelaufen.	Sie haben **Rücksicht auf** seine Kurzatmigkeit genommen und sind langsam gelaufen.
Die Ärzte und Krankenschwestern versuchten **mit den** traumatisierten Patienten sehr **rücksichtsvoll** zu sein.	Die Ärzte und Krankenschwestern versuchten **gegen** die traumatisierten Patienten sehr **rücksichtsvoll** zu sein.

rutschen

Wer bei dem Verb rutschen in der zweiten Person Singular nicht aufpasst, kann leicht auf dünnem Grammatikeis ausrutschen. Ein kleiner Buchstabe – und schon schlittern Sie durch die Untiefen der deutschen Sprache. Denken Sie dagegen immer schön an das **s** und sagen »du **rutschst**« statt »du **rutscht**«, so gleiten Sie völlig **s**ouverän und **s**tressfrei über die glatten Flächen. Ist das nicht ein **s**ensationeller Grund, sich dieses Detail zu merken?
Auf ähnlich dünnem Eis bewegen Sie sich übrigens, sobald Sie mit Verben wie wischen, naschen und waschen jonglieren. Für die gilt nämlich das Gleiche: Nur nicht das **s** vergessen, sonst kann's **s**chlimm enden.

Falsch	Richtig
Wischt du mal bitte kurz durch? Ich komme leider nicht mehr dazu.	**Wischst** du mal bitte kurz durch? Ich komme leider nicht mehr dazu.
Du weißt, dass es nicht gut für deine Zähne ist, wenn du so viel **nascht**.	Du weißt, dass es nicht gut für deine Zähne ist, wenn du so viel **naschst**.
Vorsicht! Hier **rutscht** du sonst aus.	Vorsicht! Hier **rutschst** du sonst aus.
Wieso **wäscht** du dir nicht die Hände, wenn du von der Toilette kommst?	Wieso **wäschst** du dir nicht die Hände, wenn du von der Toilette kommst?

schelten

Auch bei diesem Wort können Sie leicht in die Sprachstolperfalle tappen und sich unter Umständen eine Ladung Grammatikschelte abholen. Doch so weit muss es zum Glück ja nicht kommen. Garantiert auf der sicheren Seite sind Sie, wenn Sie beachten, dass **schelten** ein unregelmäßiges Verb ist, bei dem der Stammvokal **e** in der zweiten und dritten Person Singular im Präsens ebenso wie im Imperativ zu **i** wechselt. Aus **schelten** wird demnach du **schiltst**, er, sie, es **schilt** sowie **schilt**!
Damit ist **schelten** übrigens nicht allein auf weiter Flur, denn das Gleiche gilt zum Beispiel für gebären, vergessen, sprechen, stehlen, verderben, gelten, geben, sehen, verbergen, werfen, treffen, sterben, treten, helfen, stechen, essen, vergeben und viele andere mehr. Das Gemeine an unregelmäßigen Verben ist, wie der Name schon verrät, dass sie keiner Regelmäßigkeit folgen und sich daher keine Merkhilfen konstruieren lassen. In diesem Fall hilft nur zweierlei: entweder die Methode Trial and Error oder lernen, lernen, lernen.

Sollten Sie gegen das Vergessen dieser Verbformen noch weitere Beispiele brauchen, so sei Ihnen → **vergess/vergiss** empfohlen.

Falsch	Richtig
Die Schüler beklagen sich bei ihren Eltern, dass die neue Lehrerin immer so viel **scheltet**.	Die Schüler beklagen sich bei ihren Eltern, dass die neue Lehrerin immer so viel **schilt**.
Die Kindergärtnerin **scheltete** die junge Mutter, weil sie ihr Kind zum wiederholten Male zu spät in die Tagesstätte brachte.	Die Kindergärtnerin **schalt** die junge Mutter, weil sie ihr Kind zum wiederholten Male zu spät in die Tagesstätte brachte.
Nun **schelte** doch nicht so viel mit der Katze. So wird sie nie stubenrein.	Nun **schilt** doch nicht so viel mit der Katze. So wird sie nie stubenrein.

Schema

♦ **Wer aus Schema im Plural Schematas macht, der sollte sich was schämen.**

Wie schon bei → **Lexikon** handelt es sich auch bei **Schema** um ein Fremdwort, dessen Besonderheiten sich bei der Pluralbildung zeigen. Fremdwörter, die auf -ma enden, werden in der Regel im Plural entweder stark dekliniert, wie das so schön heißt, und bekommen daher ein finales s angehängt, also **Schemas**. Oder sie behalten ihre fremde Endung, wie bei **Schemata**. Demnach sind beide Formen korrekt und als besondere Dreingabe gilt hier sogar noch eine dritte, deutsche Variante, nämlich **Schemen**.
Der falsche Plural **Schematas** dagegen ist, wie zum Beispiel auch Thematas statt Themen oder Themata, eine Mischform aus den korrekten Varianten und vor diesen so genannten **Kontaminationen (→ jeher** und **→ zumindest/mindestens/zum mindesten)** sollten Sie sich tunlichst hüten, wie Sie hoffentlich noch wissen.

Was sich die schlauen Leute, von denen hier nun schon mehrfach die Rede war, bei all diesen vertrackten Pluralregelungen, die leider so gar nicht nach Schema F funktionieren wollen, gedacht haben – wer weiß das schon? Falls Ihnen die Erklärungen an dieser Stelle nicht genügen, lassen Sie sich das Ganze kurzerhand von den klugen Kerls persönlich erklären. Die entsprechende Rufnummer können Sie ja bei der Telefonauskunft Ihres Vertrauens erfragen, gerne bei der mit den schönen Eselsbrücken (11 Fußballer, 88 Jahre alte Oma, 0 Ahnung).

Falsch	Richtig
Sie war jedes Mal aufs Neue froh, wenn sie bei Matheklausuren auf bekannte **Schematas** zurückgreifen konnte.	Sie war jedes Mal aufs Neue froh, wenn sie bei Matheklausuren auf bekannte **Schemas/Schemata/Schemen** zurückgreifen konnte.
Den Geschichten der neuen Fernsehserie lagen immer die gleichen **Schematas** zugrunde.	Den Geschichten der neuen Fernsehserie lagen immer die gleichen **Schemas/Schemata/Schemen** zugrunde.
Bei seinen Ermittlungen ging Kommissar Rosenblum immer nach den gleichen **Schematas** vor.	Bei seinen Ermittlungen ging Kommissar Rosenblum immer nach den gleichen **Schemas/Schemata/Schemen** vor.

scheinbar → anscheinend/scheinbar

seine/ihre

Manch eine/-r hat beim Gebrauch von Possessivpronomen so ihre oder seine Schwierigkeiten, zum Beispiel was die Frage betrifft, inwieweit das Pronomen nun mit dem Substantiv, dem es vorausgeht, übereinstimmen muss.

Die Antwort lautet: ganz weit, nämlich komplett, und zwar in Kasus, Numerus und Genus. Für alle, denen das jetzt hier zu viel Fachchinesisch ist, auf Deutsch heißt das: Ist das Substantiv beispielsweise männlich und steht in der Einzahl im Wemfall, dann muss auch das Possessivpronomen maskulin sein und im Dativ Singular stehen, zum Beispiel meinem Herzen.
Vertritt das Possessivpronomen dagegen ein Bezugswort, so hat es zumindest noch den gleichen Numerus und manchmal auch das gleiche Genus, etwa in der dritten Person Singular. Wenn also das Bezugswort maskulin ist, muss auch ein maskulines Possessivpronomen verwendet werden, das Gleiche gilt natürlich auch für die Damen unter den Wörtern: feminines Bezugswort = feminines Possessivpronomen.
Und damit Ihnen zwischendurch nicht doch wieder Zweifel aufkommen, speichern Sie das jetzt bitte in dem Bereich Ihres Hirns ab, der für sprachliche Angelegenheiten reserviert ist – ja, den gibt es auch bei Ihnen, da passt noch ein bisschen mehr als die Bundesligaergebnisse vom letzten Wochenende und die Namen Ihrer Patenkinder rein.
Also: Die oben erwähnten Regeln gelten immer und jederzeit und da gibt's überhaupt gar nichts dran zu rütteln!
Oder vielleicht doch?
Na gut, aber wirklich nur eine klitzekleine Ausnahme: **Seinerzeit** (in dem das Possessivpronomen **seiner** drinsteckt) kann nicht zu »ihrerzeit« werden, sondern bleibt immer seinerzeit, auch wenn das Bezugswort feminin ist.
Offenbar hat der weibliche Charme doch so seine (Grammatik-) Grenzen. Schade eigentlich!

Falsch	Richtig
Die deutsche Handballnationalmannschaft hat **seinen** Torwart als besten Spieler ausgezeichnet.	Die deutsche Handballnationalmannschaft hat **ihren** Torwart als besten Spieler ausgezeichnet.

Falsch	Richtig
Eine Wanderung durch das bayerische Voralpenland hat **seine** Reize.	Eine Wanderung durch das bayerische Voralpenland hat **ihre** Reize.
Die Spice Girls waren **ihrerzeit** sehr berühmt.	Die Spice Girls waren **seinerzeit** sehr berühmt.

seit

Die Präposition **seit** zeigt sich leider nicht immer von ihrer besten Seite, denn auch sie birgt so manche Tücke, die zu Grammatikfehlern verleitet.
Bevor Sie das gute **seit** jedoch einfach auf die Seite schaffen und sich am Ende noch wegen versuchten Mordes zu einem der zahlreichen vermeintlichen Genitiv-Mörder auf die Anklagebank setzen müssen, sollten Sie sich die wenigen Regeln zu Gemüte führen, die seit eh und je für **seit** gelten. Von den Genitiv-Mördern dürfen Sie sich an dieser Stelle übrigens getrost distanzieren, denn **seit** regiert den Dativ – und zwar nicht erst seit gestern.
Grundsätzlich darf **seit** nicht verwendet werden, um eine einmalige oder eine bereits abgeschlossene Aktion oder Tätigkeit zu beschreiben. Die Präposition kennzeichnet vielmehr den Moment, an dem ein länger dauernder Vorgang begonnen hat oder ein bestimmter Zustand eingetreten ist.
Bevor Sie also den grammatikalischen Spielball demnächst wieder mit Schwung über die Seitenauslinie donnern, halten Sie kurz inne, legen sich das Leder wie ein guter Fußballspieler zurecht und lupfen es mit dem nötigen sprachlichen Effet passgenau ins Tor.
Und denken Sie bitte immer daran: **Seit** ist zwar nur vier Buchstaben kurz, aber was die Präposition beschreibt, ist oder dauert immer lang.

Falsch	Richtig
Detlefs **seit** genau zwei Wochen **eröffnetes** Restaurant ist jeden Abend bis auf den letzten Platz besetzt.	Detlefs **vor** genau zwei Wochen **eröffnetes/seit** zwei Wochen **offenes** Restaurant ist jeden Abend bis auf den letzten Platz besetzt.
Ihr Malkurs begann **seit** 17. Juli und sie ist bisher kein einziges Mal dort gewesen.	Ihr Malkurs begann **am** 17. Juli und sie ist bisher kein einziges Mal dort gewesen.
Unser Hund ist **seit** drei Jahren **gestorben** und wir haben es bisher nicht übers Herz gebracht, die Leine und den Futternapf zu entsorgen.	Unser Hund ist **vor** drei Jahren **gestorben/seit** drei Jahren **tot** und wir haben es bisher nicht übers Herz gebracht, die Leine und den Futternapf zu entsorgen.
Wie, du kennst die Bäckerei in der Bachstraße nicht? Die gibt es doch seit **lange**.	Wie, du kennst die Bäckerei in der Bachstraße nicht? Die gibt es doch seit **langem**.

setzen, sich

Dass der Dativ nicht nur mit dem Genitiv im Dauerclinch liegt, sondern ab und an auch mal mit dem Akkusativ aneinander gerät, zeigt das Verb **setzen**. Streitlustig sind die beiden Fälle vor allem dann, wenn **setzen** in Verbindung mit bestimmten Präpositionen oder reflexiv, also rückbezüglich, gebraucht wird.
Leider lassen sich die Grammatikregeln hier nicht nach persönlichem Gusto außer Kraft oder wie im Setzkasten mal hierhin und mal dorthin setzen. Sie müssen schon ein bisschen Zeit mitbringen und sich auf den Hosenboden setzen und mindestens 25-mal schreiben:

- **Folgt auf setzen**
  in, auf oder an,
  ist der Akkusativ
  und nicht der Dativ dran.
  Und bei reflexivem Gebrauch,
  da gilt der Akkusativ auch.

Alternativ können Sie den flotten Sechszeiler auch morgens auf dem Weg zur Arbeit in dem von Ihnen bevorzugten Verkehrsmittel des öffentlichen Nahverkehrs vor sich hinbeten. Doch wundern Sie sich nicht, wenn Ihr Sitznachbar sich nach fünf Minuten und mehreren verstörten Seitenblicken lieber in den überfüllten Gang stellt. Sollten Sie mit dem Auto unterwegs sein, bietet der allmorgendliche Stau im Berufsverkehr mehr als genug Gelegenheit zum Üben. Und die Hausfrauen unter Ihnen können beim Bügeln ruhig auch mal auf die 28. Wiederholung von *King of Queens* verzichten und sich stattdessen der Glättung ihrer Grammatikfalten widmen.
Auf jeden Fall wünschen wir gutes Sitzfleisch und viel Ausdauer, denn zum Grammatikprofi ist es noch ein weiter Weg.

Falsch	Richtig
Nachdem Sie sich den ganzen Tag über die Beine in den Bauch gestanden hatte, **setzte** sie **sich in dem** Sessel, sobald sie abends zu Hause war.	Nachdem Sie sich den ganzen Tag über die Beine in den Bauch gestanden hatte, **setzte** sie **sich in den** Sessel, sobald sie abends zu Hause war.
Kinder, das Essen ist fertig. Setzt ihr euch bitte alle **an dem** Tisch in der Küche.	Kinder, das Essen ist fertig. Setzt ihr euch bitte alle **an den** Tisch in der Küche.
Weil der Frühlingsmorgen so schön mild war, **setzte** Elisabeth sich **auf der** Parkbank in die Sonne.	Weil der Frühlingsmorgen so schön mild war, **setzte** Elisabeth sich **auf die** Parkbank in die Sonne.

sitzen

Wenn Sie den Vorwurf, Sie wüssten – zumindest sprachlich – nicht, wie man richtig **sitzt**, nicht auf sich sitzen lassen wollen, sollten Sie sich schleunigst aus Ihrem bequemen Sessel erheben und an den Schreibtisch setzen – mit den entsprechenden Grammatikregeln vor sich.

Zunächst einmal soll jedoch an dieser Stelle ein weit verbreitetes Missverständnis aus dem Weg geräumt werden, auch wenn das jetzt den einen oder anderen Sprachpuristen unter Ihnen förmlich vom Stuhl fegen wird: Die im süddeutschen Sprachraum verbreitete Bildung des Perfekts von **sitzen** mit **sein** ist nicht falsch. Sie haben richtig gelesen: n-i-c-h-t f-a-l-s-c-h!

Bleiben Sie bitte dennoch ruhig und drehen Sie eine Runde mit dem Hund um den Block, bis sich Ihre Erregung gelegt hat. Sobald Sie sich wieder aufgerappelt haben, können Sie sich den tatsächlichen Fehlern zuwenden, die im Umgang mit **sitzen** weit verbreitet sind:

- Folgt auf das Verb **sitzen** die Präposition **über**, so steht das folgende Substantiv im Dativ, nicht im Akkusativ.
- Bei der Formulierung **zu sitzen kommen** muss hingegen der Akkusativ stehen.

Eine Bitte noch zum Schluss: Sitzen Sie Ihre Grammatikprobleme mit **sitzen** bitte nicht länger aus, sondern merken Sie sich die beiden kurzen Regeln. Sie werden sehen, das verbessert Ihren Sprachsitz erheblich.

Falsch	Richtig
Seit Monaten schon **sitzt** Tamara tagtäglich **über ihre** Magisterarbeit und sie wird trotzdem nicht rechtzeitig fertig.	Seit Monaten schon **sitzt** Tamara tagtäglich **über ihrer** Magisterarbeit und sie wird trotzdem nicht rechtzeitig fertig.

Falsch	Richtig
Nun kam sie schon am dritten Morgen nacheinander im Bus **neben ihn zu sitzen**, weil kein anderer Platz frei war.	Nun kam sie schon am dritten Morgen nacheinander im Bus **neben ihm zu sitzen**, weil kein anderer Platz frei war.

Entweder	Oder
Konrad **ist** gestern drei Stunden auf dem Sofa **gesessen**, ohne sich auch nur einmal zu rühren.	Konrad **hat** gestern drei Stunden auf dem Sofa **gesessen**, ohne sich auch nur einmal zu rühren.

Spaghetti

Dass die Deutschen die italienische Küche sehr schätzen, ist landauf, landab bekannt und schmeichelt den ebenso eitlen wie stolzen Südländern sicherlich nicht wenig.
Mit der italienischen Grammatik (inklusive Phonetik) nehmen die Teutonen es dagegen weniger genau. Da werden im Restaurant gnadenlos Knotschi und Zutschini und Kwattro Stazioni bestellt, bis die Pizza schier im Holzofen verrückt wird und dem armen Kellner selbst das letzte Resthaar zu Berge steht. Und jetzt soll auch noch der Plural der beliebtesten Teigware dran glauben.
Per favore, signore e signori, so geht's doch nicht! Die Italiener sind nun wirklich ein gelassenes und lebensfrohes Völkchen (Sie wissen schon, *dolce vita* und *far niente* und so). Doch geht es um die – wenn auch nur grammatikalische – Verunglimpfung ihrer Lieblingsnudeln, verstehen sie keinen Spaß. Allein die Tatsache, dass die Deutschen seit Einführung der neuen Rechtschreib-Chaos-Regeln das **h** in der Mitte des Wortes **Spaghetti** weglassen dürfen, ist ein herber Verlust für die Südländer und damit der deutsch-italienischen Völkerverständigung nicht gerade zuträglich.
Bei dem in jüngster Zeit wie *funghi* aus dem Boden schießenden Plural **Spaghettis/Spagettis** ist jetzt aber endgültig Schluss mit

lustig. Schließlich ist *spaghetti* schon die italienische Pluralform. Und das mögen doch bitte fortan auch alle deutschen Liebhaber italienischer Küche respektieren – und richtig umsetzen. Aber bitte *subito pronto! Capito?*
Falls nein, sei hier zu Ihrer persönlichen Motivationsverstärkung die Tatsache erwähnt, dass der Plural von **Spaghetti/Spagetti** nach vertraulichen Informationen des BND fest in der Hand der sizilianischen Grammatikmafia ist. Und mit den Brüdern legt man sich bekanntlich besser nicht an.

Staatsgeheimnis

Sie wissen nicht, was ein Fugen-s ist? Kein Problem, Sie werden es genau hier erfahren, denn zum Glück handelt es sich dabei um kein Staatsgeheimnis.
Bei welchen Zusammensetzungen jedoch das Fugen-s erforderlich ist und wann nicht – das wird wohl für immer ein Geheimnis der deutschen Sprachhüter bleiben. Grundsätzlich kommt es entweder auf das erste Wort, auch Bestimmungswort, oder das zweite, das so genannte Grundwort, der Zusammensetzung an. Hier in aller Kürze die wichtigsten Regeln:

- Bei Bestimmungswörtern wie Armut, Bahnhof, Geschichte, Hilfe oder Liebe, ebenso wie bei solchen auf -at, -heit, -ing, -ion, -keit, -ling, -schaft, -tät, -tum, -um, -ung und substantivierten Infinitiven steht in der Regel **ein** Fugen-s (Hilf**s**güter, hören**s**wert, Liebe**s**dienst, Kommunion**s**geschenk, Schönheit**s**-operation).
- Bei Bestimmungswörtern auf -el, -er, -s, -ß, -sch, -st, -tz und -z ebenso wie einsilbigen femininen Bestimmungswörtern und solchen auf -ik und -ur steht in der Regel **kein** Fugen-s (Naturkost, Fischsuppe, Nachtwanderung, Fußball, Wasserfall).
- Bei Zusammensetzungen mit -steuer oder -straße sowie bei Verbalsubstantiven als Grundwort, ebenso wie bei mehrglied-

rigen Zusammensetzungen und solchen mit einem Partizip als Grundwort und einem Substantiv als Bestimmungswort ist der Gebrauch des Fugen-s schwankend, wird jedoch häufig ausgelassen (Körperschaft[s]steuer, König[s]straße, Friedhofsmauer, Hofmauer, blutdrucksenkend).

Wenn Sie jetzt denken: Sooo schlimm klingt das doch alles gar nicht, dann haben Sie die Rechnung ohne die Ausnahmefälle gemacht. Leider gibt es davon ebenso wie von unlogischen Anwendungsbeispielen mehr als genug. Hinzu kommt, dass sich gerade beim schwankenden Gebrauch des Fugen-s keine allgemeinen Regeln aufstellen lassen. Selbst im Duden steht hierzu: »Im Zweifelsfall sollte man sich nach Bildungen mit demselben Bestimmungswort richten.« Wer soll da noch den Überblick behalten?
Sie fragen sich, wie es zu diesem Regelchaos kam? Wir vermuten mal so:

Damit Sie beim Lesen nicht unterfordert sind, haben wir an dieser Stelle einen kleinen Lückentest eingebaut.

Im Rahmen der Recht_schreibreform hat die Länder_kommission der Kultus_minister in einem geheimen Staat_akt versucht, die ersatzlose Streichung des Fugen-s durchzusetzen. Doch weder die Minister_präsidenten der einzelnen Bund_länder noch der BND reagierten auf den infamen Vorstoß, da sie gerade mit der Erhöhung der Mehrwert_steuer und anderen Staat_geheimnissen beschäftigt waren.
Dem beherzten Eingreifen persönlich betroffener Bundestag_- und Bundesrat_abgeordneter ist die Vereitelung dieser Pläne zu verdanken, denn sie erkannten sofort, dass dies ihre Existenz gefährdet hätte. Deutlich schwerer wog allerdings die Tat_sache, dass mit dieser vorschnellen Gesetz_änderung die Grundlage für sämtliche Staat_geheimnisse mittels einer so genannten neu zu erstellenden Übergang_regelung hätte gesichert werden müssen.

Mit großer Abstimmung__mehrheit wurde in einer eilig einberufenen Dringlichkeit__sitzung die Abschaffung des Fugen-s von den Parlament__abgeordneten mittels einstweiliger Verfugung untersagt. Allerdings machten die Kommission__mitglieder zahlreiche Zugeständnisse in Form von Ausnahmeregelungen. Damit trugen sie einem Eilantrag der Interessen__gemeinschaft der Verwaltung__angestellten Rechnung. Diese hatten nämlich schon die Abschaffung der Parlament__kantine samt der allseits beliebten Tag__gerichte wie Rind__rouladen oder Brat__kartoffeln befürchtet und daher ihr Veto eingelegt.

Haben Sie die Regeln jetzt verstanden? Nein? Auch nicht schlimm, dafür haben Sie gerade eine nette Geschichte gelesen und man kann bekanntlich im Leben nicht alles haben.

Falsch	Richtig
Zum Frühstück aß sie am liebsten Spiegeleier mit Speck und **Bratskartoffeln**.	Zum Frühstück aß sie am liebsten Spiegeleier mit Speck und **Bratkartoffeln**.
Seit Clemens seinen Job verloren hatte, lebte er knapp über der **Armutgrenze**.	Seit Clemens seinen Job verloren hatte, lebte er knapp über der **Armutsgrenze**.
Cornelia war sprachlos. Einen derart aufwühlenden **Liebebrief** wie von ihrem neuen Freund hatte sie noch nie bekommen.	Cornelia war sprachlos. Einen derart aufwühlenden **Liebesbrief** wie von ihrem neuen Freund hatte sie noch nie bekommen.
Die alte Dame im Erdgeschoss war verärgert. Schon wieder hatte der junge Müller das **Hofstor** offen stehen lassen.	Die alte Dame im Erdgeschoss war verärgert. Schon wieder hatte der junge Müller das **Hoftor** offen stehen lassen.
Die **Hilfaktion** zugunsten Not leidender Kinder in Südafrika war ein voller Erfolg.	Die **Hilfsaktion** zugunsten Not leidender Kinder in Südafrika war ein voller Erfolg.

statt

Mit dem richtigen Gebrauch von **statt** können Sie zwar keinen großen Staat machen, aber das sollte Sie nicht davon abhalten, sich mit diesem grammatikalischen Stolperstein zu befassen. Wenn Sie sich vorab merken, dass **statt** sowohl als Konjunktion als auch als Präposition verwendet werden kann, sind Sie schon einen großen Schritt weiter auf dem ebenso steilen wie steinigen Pfad zum Grammatikolymp.
Des Weiteren gilt:

- Wird **statt** als Präposition verwendet, verlangt es den Genitiv; wenn dieser im Plural nicht eindeutig ist, darf jedoch der Dativ stehen.
- Folgen auf **statt** als Präposition zwei Substantive aufeinander, so muss das vordere, das von der Präposition abhängig ist, im Dativ stehen.
- Beim Gebrauch von **statt** als Konjunktion zieht es keinen Kasus nach sich; dieser ist vielmehr vom jeweiligen Verb des Satzes abhängig.

So, damit dürften Sie nun bestens ausgestattet sein für einen fehlerfreien Umgang mit **statt** in allen Formen und Anwendungsmöglichkeiten.

Falsch	Richtig
Zu der Vernissage trug Elvira nun doch einen Hosenanzug **statt dem Rock**, den sie sich eigens dafür gekauft hatte.	Zu der Vernissage trug Elvira nun doch einen Hosenanzug **statt des Rocks**, den sie sich eigens dafür gekauft hatte.
Der Fußballtrainer berief lieber Klaus **statt ihm** als neuen Libero.	Der Fußballtrainer berief lieber Klaus **statt ihn** als neuen Libero.

Falsch	Richtig
Er überraschte nun doch lieber seine neue und attraktive Nachbarin **statt seinem Sohn** mit den Theaterkarten.	Er überraschte nun doch lieber seine neue und attraktive Nachbarin **statt seines Sohnes** mit den Theaterkarten.
Statt Cowboyhüte hatten sie Indianerperücken für die Wild-West-Party gebastelt.	**Statt Cowboyhüten** hatten sie Indianerperücken für die Wild-West-Party gebastelt.
Er überreichte die Urkunde ihr statt **ihn**.	Er überreichte die Urkunde ihr statt **ihm**.
Statt des Autos ihres Bruders nahm Martina nun doch lieber die Straßenbahn.	**Statt dem Auto** ihres Bruders nahm Martina nun doch lieber die Straßenbahn.

Superlativ ➔ optimal

Tasse

An einer Tasse heißen Kaffees können Sie sich nicht nur die Lippen verbrennen. Wenn Sie nicht richtig aufpassen, ziehen Sie sich schlimmstenfalls auch noch diverse grammatikalische Brandblasen beim Jonglieren mit Tassen, Bechern, Gläsern und anderen Mengen- oder Maßangaben zu. Das geht oft schneller als gedacht. Deshalb lautet das oberste Gebot bei diesem sprachlichen Stolperstein auch: Vorsicht ist die Mutter der Porzellankiste. Sonst müssen Sie sich am Ende noch von einem grammatikophilen Kleingeist fragen lassen, ob Sie noch alle Tassen im Schrank haben.
Bevor nun aber Ihr Kaffee vor Schreck in der Tasse kalt wird, wenden wir uns den restlichen Regeln zu, die da lauten:

- Bei Mengen- oder Maßangaben, auf die ein Substantiv im Singular folgt, steht dieses im selben Kasus wie das jeweilige Bezugswort.
- Wird das auf die Mengen- oder Maßangabe folgende Substantiv durch ein Adjektiv näher bestimmt, so stehen Substantiv und Adjektiv entweder im selben Kasus wie das jeweilige Bezugswort oder im Genitiv.
- Bei festen, oft mit Zahlen versehenen Mengen- oder Maßangaben, auf die ein Substantiv im Plural folgt, steht dieses so gut wie immer im selben Kasus wie das jeweilige Bezugswort.
- Stehen Maß- oder Mengenangaben bereits im Genitiv und wird dieser zusätzlich stark gebeugt, so gibt es zwei Möglichkeiten, einen (unschönen) doppelten Genitiv zu vermeiden: Entweder man lässt die Maßangabe oder das nachfolgende Substantiv ungebeugt.
- Bei unpräzisen Mengen- oder Maßangaben, auf die ein Substantiv im Singular oder Plural folgt, steht dieses meist im Genitiv oder (seltener) im selben Kasus wie das jeweilige Bezugswort.

Das sieht auf den ersten Blick zwar kompliziert aus, ist aber zum Glück nicht sonderlich schwer. Denn im Grunde liegen Sie bis auf eine Ausnahme (nämlich wenn ein Adjektiv ins Spiel kommt) mit dem gleichen Kasus für Bezugswort und Substantiv immer richtig. Also: Passen Sie in Zukunft einfach ein bisschen besser auf – und dann hoch die Tassen!

Falsch	Richtig
Am Nachmittag gönnte sich Frau Westermühl stets eine kleine Ruhepause mit einer **Tasse Tees**.	Am Nachmittag gönnte sich Frau Westermühl stets eine kleine Ruhepause mit einer **Tasse Tee**.
Bert wurde am Morgen nur mit drei **Tassen Kaffees** richtig wach.	Bert wurde am Morgen nur mit drei **Tassen Kaffee** richtig wach.

Falsch	Richtig
Nach Feierabend entspannte sich Michael gerne bei einem **Glas Biers**.	Nach Feierabend entspannte sich Michael gerne bei einem **Glas Bier**.
Der Lkw war wieder mal nur halb beladen, diesmal mit einer **Tonne Weizens**.	Der Lkw war wieder mal nur halb beladen, diesmal mit einer **Tonne Weizen**.

Entweder	Oder
Für das Straßenfest verarbeitete Petra **vier Kilo reifer Pflaumen** zu Blechkuchen.	Für das Straßenfest verarbeitete Petra **vier Kilo reife Pflaumen** zu Blechkuchen.
Am liebsten mochte sie es, wenn ihr Freund ihr morgens eine **Tasse starken Kaffee** ans Bett brachte.	Am liebsten mochte sie es, wenn ihr Freund ihr morgens eine **Tasse starken Kaffees** ans Bett brachte.
Auf dem Wochenmarkt kaufte sie wie jede Woche **ein Dutzend frischer Eier**.	Auf dem Wochenmarkt kaufte sie wie jede Woche **ein Dutzend frische Eier**.
Eine Schar tanzender Mädchen lief beim Karneval durch die Straßen.	**Eine Schar tanzende Mädchen** lief beim Karneval durch die Straßen.
Edith bekam zu ihrem Geburtstag **einen Strauß bunter Sommerblumen**.	Edith bekam zu ihrem Geburtstag **einen Strauß bunte Sommerblumen**.

Tautologie → höchstens nur

tragbar/tragfähig

Bei der Unterscheidung der beiden Adjektive kommt ein kleines, aber wesentliches Detail zum Tragen: Enden Wörter auf **-bar**, so drücken sie meist eine Passivität aus, zum Beispiel lenkbar. Enden sie dagegen auf **-fähig**, so zeugen sie von einer Fähigkeit und damit Aktivität, zum Beispiel lenkfähig. **Tragbar** bedeutet demnach: Man kann ihn, sie oder es tragen. **Tragfähig** heißt: Er, sie oder es kann tragen.

Konstruktionen mit -bar dürfen daher nicht willkürlich durch solche mit -fähig ersetzt werden. Wenn Sie das beachten, sind Sie formulierfähig und alles andere als auslachbar!

Falsch	Richtig
Lilli hat zum Geburtstag einen **tragfähigen** CD-Spieler bekommen. Seitdem hört sie den ganzen Tag Musik.	Lilli hat zum Geburtstag einen **tragbaren** CD-Spieler bekommen. Seitdem hört sie den ganzen Tag Musik.
Der Dachboden des alten Hauses ist zurzeit nicht zugänglich, er ist leider nicht **tragbar**.	Der Dachboden des alten Hauses ist zurzeit nicht zugänglich, er ist leider nicht **tragfähig**.
Die Situation im Skatklub war für Werner nicht mehr **tragfähig**. Daher kündigte er mit sofortiger Wirkung seine Mitgliedschaft.	Die Situation im Skatklub war für Werner nicht mehr **tragbar**, daher kündigte er mit sofortiger Wirkung seine Mitgliedschaft.
Die Brücke über die Amper ist gesperrt, sie ist seit dem letzten Unwetter nicht mehr **tragbar**.	Die Brücke über die Amper ist gesperrt, sie ist seit dem letzten Unwetter nicht mehr **tragfähig**.

trotz

Zwar ist der Genitiv nach **trotz** in der Regel gebräuchlicher, aber der Dativ ist ebenfalls erlaubt. Und diese gnädige Duldung, etwa

im süddeutschen Sprachraum und Österreich, wenn Artikel oder Pronomen des folgenden Substantivs fehlen oder vor einem allein stehenden, stark gebeugten Substantiv, ist im Grunde eine bodenlose Frechheit. Da ist es nur ein schwacher Trost, dass bei vereinzelten Konstellationen der Dativ nach wie vor die erste Wahl ist. Der Gute war nämlich eindeutig zuerst da. Davon zeugen feste Fügungen wie **trotz allem**, **trotzdem** und **trotz alledem**, womit das ältere Hausrecht des Dativs hinreichend dokumentiert sein dürfte. Was schließen wir daraus? Der Dativ ist ebenfalls bedroht, und zwar massiv! Schuld ist eine Gruppe von ebenso intriganten wie skrupellosen Lobbyisten, die in ihrem eigenen Interesse den Vormarsch des Genitivs bei der unschuldigen Präposition **trotz** mit allen ihnen zur Verfügung stehenden Mitteln unterstützen. Und noch etwas sei hier ein für alle Mal klargestellt: Der Genitiv ist auch nicht gerade dem Dativ sein Freund.
Unfassbar, aber – leider – wahr.
Sollte Sie dieser Schicksalsbericht aufgerüttelt haben, so bitten wir Sie auf Spenden zu verzichten und stattdessen eine Gesellschaft zur Ehrenrettung des Dativs zu gründen. In deren Namen können Sie dann zum einen gegen die Verleumdungen wegen Totschlags (Sie wissen schon, vom Genitiv, äh, des Genitivs) und zum anderen wegen unlauteren Wettbewerbs vor Gericht ziehen. Die nötigen Argumente für Ihre Anklageschrift dürfen Sie diesem Buch kostenfrei entnehmen.

Falsch	Richtig
Trotz Elektrizitätskraftwerke auf neuestem Technikstand ließ die Stromversorgung zu wünschen übrig.	**Trotz Elektrizitätskraftwerken** auf neuestem Technikstand ließ die Stromversorgung zu wünschen übrig.
Trotz des Volkes **heftigem Protest** verlangte der Kaiser nun auch noch eine Kornsteuer.	**Trotz** des Volkes **heftigen Protests** verlangte der Kaiser nun auch noch eine Kornsteuer.

Entweder	Oder
Trotz hohen Fiebers ging Erika zur Arbeit, weil sie nicht schon wieder fehlen wollte.	**Trotz hohem Fieber** ging Erika zur Arbeit, weil sie nicht schon wieder fehlen wollte.
Trotz des schlechten Wetters fand das Straßenfest statt und die Anwohner ließen sich den Spaß nicht verderben.	**Trotz dem schlechten Wetter** fand das Straßenfest statt und die Anwohner ließen sich den Spaß nicht verderben.

tun

♦ **Mit dem Wörtchen tun kann man sich leicht vertun.**

Die Gefahr des Vertuns besteht vor allem dann, wenn Sie das Verb **tun** in Verbindung mit anderen Infinitiven verwenden. Das tut nämlich nicht nur bescheuert klingen, sondern ist auch standardsprachlich nicht korrekt. Deshalb ist diese unnötige Erweiterung des Prädikats tunlichst zu vermeiden. Ja, das gilt auch dann, wenn Sie gerade erst Eltern eines oder mehrerer Kinder geworden sind und glauben, diese Sprachverunglimpfung damit rechtfertigen zu können, dass die lieben Kleinen dann besser hören.

Tun Sie uns gefälligst nicht auf den Arm nehmen, sondern überlegen Sie sich lieber kritisch, warum Sie so anfällig für derlei schlechten Stil sind. Nein, Stilldemens ist kein von der Kommission zur Wahrung der korrekten Verwendung des Verbs **tun** in allen Lebenslagen anerkannter Grund. Und dauerhafter postnataler Schlafentzug auch nicht. Tut uns Leid (tun).

Wie, das ist Ihnen jetzt zu streng? Na gut, eine klitzekleine Ausnahme können wir da schon machen – weil Sie es sind. Unseretwegen dürfen Sie **tun** im Einzelfall zusätzlich zu einem Verb im Infinitiv verwenden, wenn Sie dieses besonders betonen wollen. Bei Sätzen wie »Gehört habe ich das schon mehrfach, aber merken tu ich mir das nicht« oder: »Malen tut er für sein Leben gern«

werden wir also ein Auge zudrücken. Aber mehr geht nicht, sonst bekommen Sie es mit der Grammatikpolizei zu tun, die schon in ➔ **Moni's Blumenladen** für Recht und Ordnung gesorgt hat. Also, jetzt tun Sie sich mal ein bisschen zusammenreißen und das mit dem **tun** plus Infinitiv schön brav lassen. Damit tun Sie sicher nicht nur sich selbst einen Gefallen (tun).

Falsch	Richtig
Tu schön brav sein und spielen, Paulchen. Die Mama muss mal eben telefonieren.	**Sei** schön brav und spiel, Paulchen. Die Mama muss mal eben telefonieren.
Keine Angst, der **tut** nicht beißen, den können Sie ruhig streicheln.	Keine Angst, der **beißt** nicht, den können Sie ruhig streicheln.
Tust du mir mal helfen, bitte? Ich kann den Schrank nicht alleine verrücken.	**Hilfst** du mir mal, bitte? Ich kann den Schrank nicht alleine verrücken.
Tut ihr jetzt endlich mal essen statt Faxen zu machen. Die Pizza wird doch kalt.	**Esst** ihr jetzt endlich mal statt Faxen zu machen. Die Pizza wird doch kalt.

über was/worüber

♦ **Wer »über was« sagt, sollte zumindest wissen, worüber er da gerade gestolpert ist.**

Zur Beruhigung gleich mal vorweg: Um einen waschechten Grammatikfehler handelt es sich nicht, wenn Sie statt **worüber** einfach **über was** sagen. Der Duden bezeichnet die Verbindung der Präposition **über** mit **was** allerdings als »stilistisch unschön«.
Äußerst unschön, finden wir, und deshalb haben wir dem Pronominaladverb **worüber** samt seinen zahlreichen Leidensgenossen

(worin/in was, worunter/unter was, weswegen/wegen was, meinetwegen/wegen mir, wonach/nach was, deinetwegen/wegen dir, woraus/aus was, unseretwegen/wegen uns, wozu/zu was, wovon/von was, darüber/über was, worum/um was, womit/mit was) auch einen Eintrag in diesem Buch gewidmet.
Selbst wenn Sie der Meinung sind, Sie hätten mit den echten Grammatikschnitzern schon genug zu tun, bitte seien Sie so nett und erlösen Sie **worüber** und seine Freunde von ihrem Leid, indem Sie die nicht standardsprachlichen Varianten aus Ihrem Sprachgebrauch tilgen. Danke!

Falsch	Richtig
Klaus hatte sie schon so lange nicht mehr gehört, dass er nicht mehr wusste, **unter was** er die Deep-Purple-Platten einsortiert hatte. Unter D oder P?	Klaus hatte sie schon so lange nicht mehr gehört, dass er nicht mehr wusste, **worunter** er die Deep-Purple-Platten einsortiert hatte. Unter D oder P?
Über was regst du dich denn so auf? So empört habe ich dich ja noch nie gesehen.	**Worüber** regst du dich denn so auf? So empört habe ich dich ja noch nie gesehen.
Evelyn sah seit Wochen schlecht aus. Ute fragte sie, **unter was** sie eigentlich litt.	Evelyn sah seit Wochen schlecht aus. Ute fragte sie, **worunter** sie eigentlich litt.

um

Bei diesem Eintrag wollen wir gar nicht lange um den heißen Grammatikbrei herumreden, sondern fassen uns kurz. Denn bei **um** stehen weder der sprachliche Kleinkrieg zwischen Dativ und Genitiv noch irgendwelche Ausnahmen oder Sonderwünsche auf dem Programm. Wenn Sie die Präposition samt ihrer bescheidenen Anforderungen an ihre Benutzer um und um richtig gebrauchen wollen, müssen Sie sich im Grunde nur eines merken:

Um regiert den Akkusativ!
So leicht kann es sein. Wenn die deutsche Sprache allerdings immer so simpel und anspruchslos wäre, dann würde sie ja ein jeder perfekt beherrschen und niemand würde all die schönen Fehler machen und keiner könnte sich darüber aufregen und die Zeitungen hätten nichts zu schreiben und niemand bräuchte Grammatikbücher und die Umsätze der Verlage würden zurückgehen und irgendwann gingen sie Pleite und das wäre dann der Anfang vom Ende unserer Kulturnation und das wäre auch nicht gut.

Falsch	Richtig
Der kleine Junge hatte ein Band mit dem Wohnungsschlüssel um **dem** Hals.	Der kleine Junge hatte ein Band mit dem Wohnungsschlüssel um **den** Hals.
Noch Monate nach dem Tod seiner Frau zeigte sich bei dem Witwer die Trauer um **den** Augen.	Noch Monate nach dem Tod seiner Frau zeigte sich bei dem Witwer die Trauer um **die** Augen.
Rund um **dem** Platz standen wunderschöne Bänke aus Teakholz, die zum Ausruhen einluden.	Rund um **den** Platz standen wunderschöne Bänke aus Teakholz, die zum Ausruhen einluden.
Am Abend wurde es ziemlich kühl, daher trug Tatjana die Stola enger um **den** Schultern.	Am Abend wurde es ziemlich kühl, daher trug Tatjana die Stola enger um **die** Schultern.
Wie immer versammelte sich die ganze Familie pünktlich um zehn Uhr um **dem** Küchentisch zum Frühstück.	Wie immer versammelte sich die ganze Familie pünktlich um zehn Uhr um **den** Küchentisch zum Frühstück.

unter

Wenn Sie beim Versuch, das Wörtchen **unter** richtig anzuwenden, meist mit Pauken und Trompeten untergehen, dann sollten Sie unter allen Umständen etwas dagegen tun. Sie müssen sich ja nicht gleich unter grammatikärztliche Aufsicht begeben oder in Ihrem Kleinhirn das Unterste zuoberst kehren – aber die ein oder andere Minute sollten Sie **unter** schon widmen, wenn Sie nicht immer wieder unter die Räder der deutschen Sprache kommen wollen.

Zunächst sollten Sie sich bewusst machen, dass Sie **unter** nicht nur als Präposition, sondern auch als Adverb verwenden können. Weiterhin gilt: Wird **unter** als Präposition gebraucht, so kann es mit dem Dativ sowie mit dem Akkusativ stehen; entscheidend ist dabei das Verb, das sich entweder auf die Lage oder die Richtung des beschriebenen Sachverhalts bezieht.

Doch woran ist das zu erkennen? Kein Problem: Sie können es ganz leicht herausfinden, indem Sie den Sätzen, die Ihnen im Alltag so begegnen, mal wieder ein paar Löcher in den Bauch fragen. Versuchen Sie es zunächst mit »Wohin?« und Sie werden feststellen, dass Sie den Akkusativ verwenden müssen, was bedeutet, dass sich – so viel sei Ihnen an dieser Stelle verraten – das Verb auf die Richtung bezieht. Fragen Sie dagegen »Wo?«, so bleibt Ihnen nichts anderes übrig, als den Dativ einzusetzen, der – oh Wunder! – besagt, dass sich das Verb auf die Lage bezieht.

Wird **unter** jedoch als Adverb gebraucht, dann beeinflusst es die Beugung des nachfolgenden Substantivs nicht. Erkennen können Sie das vor allem daran, dass Sie das Wörtchen **unter** problemlos weglassen können und der Satz trotzdem noch Sinn ergibt. Bei der Präposition **unter** ist dies hingegen nicht möglich.

Damit dürfte Ihrem korrekten Umgang mit **unter**, wie und als was auch immer, nichts mehr im Wege stehen – natürlich nur unter der Voraussetzung, dass Sie so schnell nicht vergessen, was Sie hier gerade gelesen haben. Und davon wollen wir jetzt mal optimistisch ausgehen.

Falsch	Richtig
Jugendliche **unter** 16 **Jahre** müssen abends um zehn Uhr zu Hause sein.	Jugendliche **unter** 16 **Jahren** müssen abends um zehn Uhr zu Hause sein.
Unter drei **Gläsern** Bier trinkt er zum Frühschoppen nie. Eher sind es sogar noch mehr.	**Unter** drei **Gläser** Bier trinkt er zum Frühschoppen nie. Eher sind es sogar noch mehr.
Wie stellst du dir das vor? Das geht **unter keine Umstände**.	Wie stellst du dir das vor? Das geht **unter keinen Umständen**.
Für Leute, die **unter** 30 **Jahren** alt sind, ist Altersvorsorge in der Regel kein Thema.	Für Leute, die **unter** 30 **Jahre** alt sind, ist Altersvorsorge in der Regel kein Thema.
Unter fünf Paar **Schuhen** nimmt die Profitänzerin nie zum Tanzturnier mit.	**Unter** fünf Paar **Schuhe** nimmt die Profitänzerin nie zum Tanzturnier mit.

Unterlassung der Deklination → Held

vergess/vergiss

♦ **Wer »vergess« statt »vergiss« sagt, hat da wohl etwas Wichtiges vergessen.**

Wenn Sie sich bei → **schelten** Ihre Grammatikschelte schon abgeholt haben, dann wissen Sie sicher noch, was dort genau stand. Falls nicht, lesen Sie es doch bitte noch mal kurz nach. Jedenfalls zählt auch **vergessen** zu den unregelmäßigen Verben, bei denen ein Vokalwechsel von **e** zu **i** stattfindet. Demnach heißt die richtige Befehlsform, mit der wir uns hier befassen möchten, nicht **vergess**, sondern **vergiss**.

Ihre Merkfähigkeit wird hier zum Glück auf keine allzu harte Probe gestellt, denn sollten Sie beim Imperativ **vergiss** den Vokalwechsel vergessen, dann können Sie Ihren Grammatikführerschein gleich bei der nächsten Sprachkontrolle abgeben, und die Hoffnung, ihn möglichst bald wiederzubekommen, gleich mit vergessen (ebenfalls mit **e**). Von dem saftigen Bußgeld und den drei Punkten in der Grammatiksünderkartei mal abgesehen: Sie werden doch nicht freiwillig in die Nachschulung wollen, oder?
Dort müssten Sie am Ende nämlich noch die zahlreichen Ausnahmen büffeln, die bei dieser Regel gelten. Denn auf dem Weg vom **e** zum **i** sind leider ein paar Genossen auf der Strecke geblieben, zum Beispiel **melken, scheren** oder **werden**. Andere konnten sich vom **e** nicht so recht trennen und haben es einfach heimlich hinter dem **i** versteckt, etwa **lesen** oder **sehen**. Doch das ist noch nicht alles: Auf besonders renitente Fahrschüler wartet nämlich außerdem die Liste der Verben, die auf -eln und -ern enden. Die haben mit dem Wechsel vom **e** zum **i** zwar nichts zu tun, dafür muss bei ihnen im Imperativ in der letzten Silbe ein **e** eingefügt werden, beispielsweise **wandeln, meckern, trauern** oder **verbandeln**.
Für den Fall, dass Sie bereits **verbandelt** sind, gilt daher: Sollte Ihre Lebenspartnerin oder Ihr Lebenspartner für ein Jahr ins Ausland gehen und Sie ihr oder ihm lapidar ein »Vergess mich nicht!« mit auf die lange Reise geben, so wundern Sie sich bitte nicht, wenn Sie tatsächlich nichts mehr von ihr oder ihm hören. Versuchen Sie es stattdessen lieber mit »Vergiss mich bitte nicht!«, dann haben Sie zumindest grammatikalisch nichts zu befürchten – und ein »bitte« kann sowieso nie schaden. In diesem Sinne: Viel Glück in der Liebe und – nicht zuletzt – mit der deutschen Grammatik!

Falsch	Richtig
Les das mal, klingt spannend.	**Lies** das mal, klingt spannend.

Falsch	Richtig
Werf mir endlich auch mal den Ball zu.	**Wirf** mir endlich auch mal den Ball zu.
Milkst du morgen früh die Kühe?	**Melkst** du morgen früh die Kühe?
Tret mir mal in den Hintern, ich bin so faul.	**Tritt** mir mal in den Hintern, ich bin so faul.
Nun **schelte** den Jungen doch nicht ständig.	Nun **schilt** den Jungen doch nicht ständig.
Fördre doch seine Kreativität.	**Fördere** doch seine Kreativität.
Verderb uns nicht immer den Spaß.	**Verdirb** uns nicht immer den Spaß.
Wird doch mal schlau aus deinen Fehlern.	**Werde** doch mal schlau aus deinen Fehlern.
Helf mir bitte beim Aufräumen.	**Hilf** mir bitte beim Aufräumen.
Nun **ess** doch, es wird ja alles kalt.	Nun i**ss** doch, es wird ja alles kalt.
Sammle nicht alles, was du findest.	**Sammele** nicht alles, was du findest.

verständig/verständlich

Wenn Sie angesichts der ähnlichen Formen und der kleinen, aber – wie so oft – gemeinen Unterschiede, die sich auch hier mal wieder im Detail verbergen, nur noch Bahnhof verstehen, so verlieren Sie bitte nicht die Nerven und steigen Sie auch nicht gleich wieder aufs Auto um! Zum einen sind die Benzinpreise gerade in astronomische Höhen geklettert, zum anderen ist der Zug für Sie

noch längst nicht abgefahren. Er steht mit offenen (zum Entsetzen einiger Sprachpuristen allerdings »selbsttätig« statt »von selbst« – aber das darf Ihnen an dieser Stelle ausnahmsweise egal sein – schließenden) Türen auf Gleis 7 der deutschen Grammatik und wartet darauf, dass Sie einsteigen.
Tun Sie es ruhig, Sie werden die Fahrt entlang der berühmtesten Sehenswürdigkeiten der deutschen Sprache nicht bereuen.
Genehmigen Sie sich also erst mal einen Snack vom mobilen Brotzeitverkäufer und trinken Sie einen überteuerten Sekt im Bordrestaurant. Wenn der Fahrkartenkontrolleur, der inzwischen neudienstleistungsdeutsch so schön »Ihr freundlicher Zugbegleiter« oder so ähnlich heißt, Ihr nach mehreren Kämpfen im Internet ausgedrucktes Surf-and-Rail-Ticket kontrolliert hat, für das ungefähr so viele Sonderregelungen gelten wie in der deutschen Grammatik, heißt es entspannen. Schließen Sie die Augen, lauschen Sie dem musikalischen Bordprogramm und Sie werden sehen, die paar Regeln beherrschen Sie bald im Schlaf.

- Allgemein gesehen kennzeichnen Adjektive auf **-lich** Bezüge, während Adjektive auf **-ig** Eigenschaften ausdrücken.
- Bei Zeitangaben drücken Adjektive auf **-lich** eine regelmäßige Wiederholung in bestimmten Abständen aus, Adjektive auf **-ig** dagegen, wie lange etwas dauert.

Gelegentlich lässt sich nicht aus einem isolierten Satz, sondern lediglich aus dem Zusammenhang erkennen, was konkret gemeint ist und ob das Adjektiv die falsche Endung aufweist, so zum Beispiel bei **fünftägig** und **fünftäglich** oder **halbstündig** und **halbstündlich**. Bei anderen hingegen offenbart sich die unterschiedliche Bedeutung auch im Einzelsatz, wie die Beispiele weiter unten zeigen. Falsche Endungen sind hier daher schnell erkannt – und hoffentlich auch gebannt!
Bei **geistig** und **geistlich** kann die Verwechslung der beiden Formen jedoch ungleich fatalere Folgen haben, vor allem wenn auch

noch Alkohol im Spiel ist und Sie nach mehreren geistlichen Getränken plötzlich geistigen Beistand brauchen. Auweia! Da kann Ihnen dann wirklich nur noch der liebe Gott oder ein anständiges Katerfrühstück helfen.

Falsch	Richtig
Die Sätze sind **verständig** formuliert.	Die Sätze sind **verständlich** formuliert.
Wer das nicht kapiert, ist kein **verständlicher** Mensch.	Wer das nicht kapiert, ist kein **verständiger** Mensch.
Clara versuchte verzweifelt, das **unförmliche** Kunstwerk durch die enge Türöffnung zu bugsieren.	Clara versuchte verzweifelt, das **unförmige** Kunstwerk durch die enge Türöffnung zu bugsieren.
Im Fußballstadion herrscht häufig eine recht **unförmige** Ausdrucksweise.	Im Fußballstadion herrscht häufig eine recht **unförmliche** Ausdrucksweise.

von

Die Präposition **von** wartet gleich mit einer ganzen Reihe von Grammatikproblemen auf. Allerdings sollten Sie sich davon nicht gleich ins Bockshorn jagen lassen, sondern sich, von Ihrem Enthusiasmus für die deutsche Sprache getragen, ins Vergnügen (oder ist Ihnen das jetzt zu euphemistisch?) stürzen.

- Um einen Zeitraum zu beschreiben, steht **von** in der Regel mit der Präposition **an** und nicht mit **ab**.
- Um ein **Genitivattribut** (➔ **meiner Tante ihre Tochter**) zu ersetzen, kann auch die Präposition **von** plus Dativ stehen. Allerdings gilt das als umgangssprachlich und sollte daher wenn möglich vermieden werden.

- Grundsätzlich folgt auf die Präposition **von** der Dativ, einzige Ausnahme: bei der Formulierung »von Amts wegen«, da hat sich der Genitiv mal durchgesetzt. Aber sobald die Präposition → **wegen** ins Spiel kommt, liegen der Dativ und der Genitiv sowieso im Clinch.

Im Übrigen lässt sich die Präposition **von** jedoch so schnell von niemandem die Butter vom Brot nehmen, vor allem dann nicht, wenn sie gemeinsam mit dem Adverb **über** gebraucht wird. Aus dem Kampf um das nachfolgende Substantiv geht **von** eindeutig als Sieger hervor und darf daher dessen Kasus bestimmen.
So, nun wissen Sie Bescheid, denken Sie also bitte daran, bevor Sie das nächste Mal von dem Wörtchen **von** Gebrauch machen, sonst droht Ihnen womöglich noch ein Grammatik-Clinch.

Falsch	Richtig
Der Verkauf **von Lebensmittel** stagniert seit einigen Monaten.	Der Verkauf **von Lebensmitteln** stagniert seit einigen Monaten.
Von Juli **ab** werden die Schmidts wieder auf Mallorca sein. Voraussichtlich bis September.	**Von** Juli **an** werden die Schmidts wieder auf Mallorca sein. Voraussichtlich bis September.
Das ist Daniela, eine Arbeitskollegin **von meiner**.	Das ist Daniela, eine Arbeitskollegin **von mir**.
Bei einer Gruppenstärke **von über** zehn **Teilnehmer** reduziert sich der Beitrag auf zwanzig Euro.	Bei einer Gruppenstärke **von über** zehn **Teilnehmern** reduziert sich der Beitrag auf zwanzig Euro.
Gut ein Drittel **von meines Gehalts** geht für die Miete drauf.	Gut ein Drittel **von meinem Gehalt** geht für die Miete drauf.

wegen

Sie dachten wohl, bei **wegen** können Sie nicht viel falsch machen, wenn Sie immer schön brav den Genitiv benutzen? Von wegen!

Wenn es derart leicht wäre, dann hätte die Präposition **wegen**, die in der Tat hauptsächlich (aber eben nicht immer) mit dem Genitiv steht, in diesem Buch nichts verloren. Dieses Missverständnis wollen wir daher hier schnell mal aus der Welt schaffen. Der Genitiv muss zum Beispiel immer dann das Feld räumen (ob freiwillig oder unfreiwillig, kann hier leider nicht geklärt werden), wenn:

- auf **wegen** ein stark gebeugtes Substantiv folgt, dem weder ein Artikel noch ein Attribut vorangeht; hier wird zumindest die Genitivendung weggelassen;
- bei stark gebeugten Substantiven nach **wegen** der Genitiv im Plural nicht zu erkennen ist; dann verwendet man stattdessen den Dativ;
- zwischen **wegen** und einem Substantiv als Genitivattribut ein weiteres, von dem ersten abhängiges Substantiv steht; dann verwendet man ebenfalls den Dativ.

Tja, schade um Ihre Theorie vom allgegenwärtigen Genitiv bei **wegen**. Widerspruch ist in diesem Fall übrigens zwecklos, Sie sollten es wirklich gar nicht erst versuchen.

Denn die Energie, die Sie aufwenden müssten, um die oben genannten Regeln dann doch nicht widerlegen zu können, heben Sie sich besser für den Kampf gegen andere Gemeinheiten der deutschen Sprache auf. Wir sagen Ihnen, wann sich der Einsatz lohnt.

Wegen Kombinationen mit **wegen uns** und dergleichen können Sie unseretwegen bei ➔ **über was** weiterlesen.

Falsch	Richtig
Wegen dem großen Andrang bekam Andrea keine Karten für das Konzert der Rolling Stones.	**Wegen des großen Andrangs** bekam Andrea keine Karten für das Konzert der Rolling Stones.
Wegen Umbaus geschlossen.	**Wegen Umbau** geschlossen.
Wegen Geschenke war sie extra noch mal in die Stadt gefahren.	Wegen **Geschenken** war sie extra noch mal in die Stadt gefahren.
Wegen den Geschenken war sie extra noch mal in die Stadt gefahren.	**Wegen der Geschenke** war sie extra noch mal in die Stadt gefahren.
Wegen Katharinas verpassten wir den Anfang des Theaterstücks.	Wegen **Katharina** verpassten wir den Anfang des Theaterstücks.
Wegen meiner Schwester **Hunds** habe ich jetzt Flöhe.	**Wegen** meiner Schwester **Hund** habe ich jetzt Flöhe.
Wegen dem Hund meiner Schwester habe ich jetzt Flöhe.	**Wegen des Hundes** meiner Schwester habe ich jetzt Flöhe.

wie

Nichts ist so, wie es scheint, das gilt auch im Umgang mit dem Vergleichspartikel **wie**. Zum einen kommt er sich ständig mit seinem Kollegen ➜ **als** ins Gehege, zum anderen ist sein Gebrauch als Apposition nicht immer so einfach, wie sich manche – Sie mit Sicherheit auch – das wünschen.

Denn folgen auf **wie** mehrere appositionelle Glieder, die vergleichend gebraucht werden, können Sie den Satz auch als elliptisch betrachten. Statt des üblichen Kasus, der stets dem des Bezugswortes entsprechen muss, dürfen Sie daher hier auch den Nominativ verwenden – selbst wenn es im ersten Moment ein bisschen gewöhnungsbedürftig klingt.

Steht das Bezugswort allerdings im Genitiv und an den Vergleichspartikel **wie** schließt sich ein Eigenname oder ein Personalpronomen an, so muss für die Apposition der Nominativ verwendet werden.
Sie fragen sich, wie Sie sich das jetzt merken sollen? Nun denn, ein kleines Hintertürchen können Sie sich bei **wie** schon offen halten: Wenn Sie grundsätzlich den Nominativ verwenden, können Sie – wenigstens in Zusammenhang mit appositionellen Gliedern – nichts falsch machen. Darüber können Sie sich doch schon mal freuen. Und wie!

Falsch	Richtig
Die Filme eines großen Regisseurs **wie Steven Spielbergs** werden noch in hundert Jahren populär sein.	Die Filme eines großen Regisseurs **wie Steven Spielberg** werden noch in hundert Jahren populär sein.
Das Mitleid heuchlerischer Kollegen **wie ihr** konnte Jenny nach ihrer Abmahnung ganz und gar nicht gebrauchen.	Das Mitleid heuchlerischer Kollegen **wie sie** konnte Jenny nach ihrer Abmahnung ganz und gar nicht gebrauchen.

Entweder	Oder
Bei einer Plaudertasche **wie sie** (eine ist) muss man genau aufpassen, was man sagt.	Bei einer Plaudertasche **wie ihr** muss man genau aufpassen, was man sagt.
Das Unglück geschah an einem Tag **wie jeder andere** (ist). Daher hatte auch niemand damit gerechnet.	Das Unglück geschah an einem Tag **wie jedem anderen**. Daher hatte auch niemand damit gerechnet.
Du solltest das Buch besser nicht lesen. Das ist nichts für Angsthasen **wie wir** (es sind).	Du solltest das Buch besser nicht lesen. Das ist nichts für Angsthasen **wie uns**.

wo

Ein Kunde (K), gerade von Hannover nach München gezogen, betritt eine Bäckerei, in der die Verkäuferin (V) hinter der Theke steht und missmutig Brezeln (auch: Brezn) von links nach rechts räumt.

K: »Guten Tag.«

V räumt weiter, würdigt ihn keines Blickes.

K räuspert sich: »Guten Tag.«

V sieht von ihrer Arbeit auf: »G-r-ü-ß G-o-t-t!«

K: »Äh, ja. Zwei Mohn- und zwei Sesambrötchen, bitte.«

V: »Hamma ned.«

K leicht verwirrt: »Aber in dem Korb da liegen doch noch welche.«

V: »Hot des eahna no koana g'sogt? Des san Semmeln.«

K: »Ach so. Dann bitte je zwei davon.«

V schüttelt genervt den Kopf und packt die Semmeln in eine Tüte: »Ois?«

K: »Wie bitte?«

V lauter: »Ois?«

K ratlos: »Das wär's dann.« Er bezahlt und verlässt die Bäckerei.

V zu ihrer Kollegin: »Immer de Saupreißn, de wo koa Boarisch un koa Deitsch ned kenna.«

Fragt sich nur, wer hier wohl kein Deutsch kann. Abgesehen davon, dass die Bayern gerne lauter sprechen (anstatt deutlicher), wenn man sie mal nicht versteht, haben sie die deutsche Sprache nicht nur um zahlreiche Wortkreationen, sondern auch um ihre eigenen Relativpronomen bereichert. Neben »zammadschmatz'n«, »zupf di zuawa« und »zweagsdnoggadebifen« finden sich da auch **die wo**, **der wo** und **das wo** – in allen Kasus, versteht sich, da lässt sich der Bayer als solcher nämlich nicht lumpen.

Leider können die toleranten Damen und Herren von der GAB jedoch keine »boarischen« Sonderregeln akzeptieren, denn auch Toleranz hat ihre Grenzen – und die verlaufen ungefähr parallel zum Weißwurstäquator.

Deshalb gelten von Hannover bis München und überall in diesem Land die folgenden Regeln:

- Statt Präposition und Relativpronomen darf der Partikel **wo** als relativischer Anschluss verwendet werden, wenn sich ein Nebensatz mit räumlichem Bezug anschließt.
- Der Partikel **wo** als relativischer Anschluss darf ebenfalls für Präposition und Relativpronomen stehen, wenn sich ein Nebensatz mit zeitlichem Bezug anschließt.
- Bezieht sich der relativische Anschluss jedoch auf Sachen oder Personen, so darf der Partikel **wo** nicht stehen.

Liebe Bayern, denken Sie künftig doch bitte daran, wenn Sie wieder mal eine Bäckerei betreten, die wo keine Brötchen, dafür aber Semmeln in Hülle und Fülle hat.

Falsch	Richtig
Der Hund, **den wo** ich gerade gestreichelt habe, ist sonst nicht so friedlich. Diesmal hat er gar nicht geknurrt.	Der Hund, **den** ich gerade gestreichelt habe, ist sonst nicht so friedlich. Diesmal hat er gar nicht geknurrt.
Das Auto, **wo** er gerade fährt, kommt mit Sicherheit nicht mehr über den TÜV, wenn er es vorher nicht in die Werkstatt bringt.	Das Auto, **das** er gerade fährt, kommt mit Sicherheit nicht mehr über den TÜV, wenn er es vorher nicht in die Werkstatt bringt.
Das Theaterstück, **wo** Klaus gestern mitgespielt hat, war ein sensationeller Erfolg.	Das Theaterstück, **in dem** Klaus gestern mitgespielt hat, war ein sensationeller Erfolg.
Woher hat Sebastian diesen Füller, **wo er mit** schreibt? Der gehört doch nicht ihm, oder?	Woher hat Sebastian diesen Füller, **mit dem er** schreibt? Der gehört doch nicht ihm, oder?

Falsch	Richtig
Die Klassenarbeit in Mathematik, **die wo** wir gestern geschrieben haben, war ganz schön schwer.	Die Klassenarbeit in Mathematik, **die** wir gestern geschrieben haben, war ganz schön schwer.

Entweder	Oder
In dem Moment, **als** es gerade spannend wurde, ist der Film gerissen. So ein Ärger!	In dem Moment, **wo** es gerade spannend wurde, ist der Film gerissen. So ein Ärger!
In den Jahren, **in denen** Sibylle in Mailand gelebt hat, musste sie immer mit dem Bus fahren.	In den Jahren, **wo** Sibylle in Mailand gelebt hat, musste sie immer mit dem Bus fahren.
Wir kommen gerade aus dem Wald, **dort wo** die vielen Kiefern stehen.	Wir kommen gerade aus dem Wald, **wo** die vielen Kiefern stehen.

Wort

♦ **Auch wer viele Worte macht, benutzt dazu einzelne Wörter und nicht Worte.**

Im Anfang war das Wort. Damals war die Welt zwar scheinbar noch eine Scheibe, aber sonst war alles in bester Ordnung, und zwar nicht nur in der deutschen Grammatik. Doch dann überließ Gott die Erde den Menschen und die erfanden nicht nur so tolle Sachen wie das Rad und Flüge zum Mond oder das Internet, sondern auch das private Fernsehen mit seinen sinnfreien Gerichtsshows und Daily Talks – und irgendwann dazwischen eben auch die Pluralformen. Offenbar haben sie es mit dem Wörtchen Wort besonders gut gemeint und sich gleich zwei Plurale dafür ausgedacht: **Worte** und **Wörter**. Und das hätten sie mal besser nicht tun sollen. Denn nun war die sprachliche Ver-

wirrung in Wortangelegenheiten perfekt – und sie dauert bis heute an.
Dabei ist der Unterschied ganz eindeutig und in keiner Weise zu übersehen. Um ein für alle Mal Licht in den Wörterdschungel zu bringen: Wollen Sie sich auf das einzelne, konkrete Wort bzw. mehrere davon oder das Lautgebilde beziehen, dann lautet der korrekte Plural **Wörter**. Geht es hingegen um eine Äußerung, Redewendung, Erklärung, Beteuerung, längere Rede, Erklärung oder den Begriff als solchen, dann muss es **Worte** heißen.
Für die Formelaffinen zusammengefasst:

- konkret = **Wörter** allgemein = **Worte**

Und weil konkret unter anderem genau heißt und **Wörter** konkreter bzw. genauer sind als **Worte**, haben sie auch genau einen Buchstaben mehr. So können Sie es sich merken und den Wortsalat ein für alle Mal von Ihrem Speisezettel verbannen.

Falsch	Richtig
»Nun schildern Sie uns den Fall mal mit Ihren eigenen **Wörtern**«, forderte der Richter die Angeklagte auf.	»Nun schildern Sie uns den Fall mal mit Ihren eigenen **Worten**«, forderte der Richter die Angeklagte auf.
Der Satz »Ich liebe dich« besteht aus genau drei **Worten**.	Der Satz »Ich liebe dich« besteht aus genau drei **Wörtern**.
Sozialabbau und Reformstau waren einmal **Worte** des Jahres.	Sozialabbau und Reformstau waren einmal **Wörter** des Jahres.
Christian war ein recht stiller Typ. Er machte nie viele **Wörter**.	Christian war ein recht stiller Typ. Er machte nie viele **Worte**.
Thomas geht mir auf die Nerven, seit er diesen neuen Job hat, benutzt er nur noch **Fremdworte**.	Thomas geht mir auf die Nerven, seit er diesen neuen Job hat, benutzt er nur noch **Fremdwörter**.

zu

In welchen Fällen Sie **zu** ganz gut ➜ **brauchen** können, haben Sie in diesem Buch ja bereits an anderer Stelle erfahren. Hier wollen wir uns nun weiteren Stolperfallen im Umgang mit **zu** beim Infinitiv zuwenden, damit es nicht zu unschönen Sätzen und »falschen« Fehlern kommt.

Zum einen sollten Sie dringend beachten, dass bei Verben wie »lernen« oder »helfen« der sich anschließende Infinitiv nicht mit **zu** ergänzt werden darf, wenn er allein steht. Sobald jedoch mehrere Satzglieder folgen, muss **zu** gesetzt werden. Folgt statt mehrerer Satzglieder lediglich eine Erweiterung, so ist die Verwendung von **zu** freigestellt. Das sind natürlich die besten Sätze, denn bei denen können Sie – zumindest was die Verwendung von **zu** als Infinitivkonjunktion angeht – keine Fehler machen.

Doch leider gibt es auch andere Sätze und bei denen müssen Sie ganz genau aufpassen, wenn Sie grammatikalisch glänzen wollen. Stehen nach einem Verb zwei Infinitive, so müssen beide mit **zu** ergänzt werden. Sie können hier beim zweiten Infinitiv das **zu** nicht einfach weglassen, wo käme die deutsche Sprache denn da hin? Schließlich sagen Sie zu Ihrem Gegenüber am Frühstückstisch doch auch nicht: »Gib mir bitte mal den Cker rüber«, wenn Sie Zucker für Ihren Kaffee brauchen, oder zu Ihrer Arbeitskollegin im Büro: »Machst du bitte das Fenster?«, wenn Ihnen kalt wird.

Genauso wenig dürfen Sie allerdings bei zusammengesetzten Verben das **zu** einfach an der Stelle einflechten, wo es Ihnen zufällig am besten gefällt. Hier kommt es nämlich ganz genau darauf an, ob Verben als feste oder unfeste Zusammensetzung eine feste oder lockere Einheit bilden. Bei lockeren Einheiten steht das **zu** mitten im zusammengesetzten Verb, bei festen Einheiten muss es dagegen vor dem Infinitiv stehen. Allerdings gibt es auch Verben, die als feste oder als lockere Einheit verwendet werden können. In diesen Fällen hängt es vom Inhalt Ihrer Aussage ab, ob Sie das **zu** vor dem Verb oder mitten im Verb platzieren, etwa bei übersetzen.

So, dem richtigen Umgang mit **zu** bei Infinitiven dürfte jetzt hoffentlich nichts mehr im Wege stehen. Bitte merken Sie sich die oben genannten Regeln und lassen Sie sich eines gesagt sein: Wer das Wörtchen **zu** beim erweiterten Infinitiv nicht richtig gebraucht, ist eine Mutung für die Menschheit!

Falsch	Richtig
Wir haben gehofft, im Urlaub **zu** surfen und tauchen.	Wir haben gehofft, im Urlaub **zu** surfen und **zu** tauchen.
Mit etwa eineinhalb Jahren lernt ein Kind **zu** laufen.	Mit etwa eineinhalb Jahren lernt ein Kind laufen.
Wir sind nicht bereit, **zu** kochen und danach auch noch **abwaschen**.	Wir sind nicht bereit, **zu** kochen und danach auch noch **abzuwaschen**.
Fritz hatte im Diktat genau einen Fehler. Er hatte vergessen, »nochmals« **zu zusammenschreiben**.	Fritz hatte im Diktat genau einen Fehler. Er hatte vergessen, »nochmals« **zusammenzuschreiben**.
Er hoffte, heute die 15-Meter-Marke **durchzubrechen**.	Er hoffte, heute die 15-Meter-Marke **zu durchbrechen**.
Jutta bat ihren Mann, ihr vom Einkauf eine Zeitung **zu mitbringen**.	Jutta bat ihren Mann, ihr vom Einkauf eine Zeitung **mitzubringen**.

zumindest/mindestens/zum mindesten

Wenn der Deutschunterricht in der Schule Sie wenigstens manchmal erreicht hätte und nicht so gut wie spurlos an Ihnen vorübergezogen wäre, dann könnte diese Sprachfalle bei Ihnen **zumindest** keinen großen Schaden anrichten. Dann wüssten Sie nämlich, dass Sie »wenigstens« außer durch **zumindest** lediglich

noch durch **im mindesten** und **mindestens**, keinesfalls aber durch **zumindestens** ersetzen dürfen. Denn dabei handelt es sich mal wieder um eine unzulässige Wortkreuzung alias Kontamination (übrigens die letzte in diesem Buch), von deren giftigem Einfluss auf ihr unmittelbares grammatikalisches Umfeld schon mehrfach die Rede war. Und vor denen möge Sie der Grammatikgott bewahren.
Das Gleiche gilt für die zwar ungemein kreative, aber leider genauso wenig zulässige Wortschöpfung **insbesonders**, einer Kontamination aus **insbesondere** und **besonders**, mit der Sie ebenfalls das grammatikalische Klima in Sätzen vergiften können. Sehen Sie sich vor, sonst legt Ihnen Greenpeace eines Tages die jämmerlich zu Grunde gegangenen Substantive oder grausam verendeten Verben und Genitivattribute aus dem jeweiligen Satzgefüge vor die Tür, um dagegen zu protestieren.

Falsch	Richtig
Du hättest mich **zumindestens** anrufen und mir sagen können, dass du dich so sehr verspätest.	Du hättest mich **zumindest/ mindestens/zum mindesten** vorher anrufen und mir sagen können, dass du dich so sehr verspätest.
Warum man manchen Tieren, **insbesonders** Hunden und Katzen, nachsagt, dass sie sich nicht verstehen, war Thema der Hausaufgabe.	Warum man manchen Tieren, **insbesondere/besonders** Hunden und Katzen, nachsagt, dass sie sich nicht verstehen, war Thema der Hausaufgabe.
Zumindestens das Geschirr hätte er in die Spülmaschine stellen können, hier sieht es ja aus, als hätte eine Bombe eingeschlagen!	**Zumindest/Mindestens/ Zum mindesten** das Geschirr hätte er in die Spülmaschine stellen können, hier sieht es ja aus, als hätte eine Bombe eingeschlagen!

Falsch	Richtig
Beim diesjährigen Windhundrennen haben sich **insbesonders** die Außenseiter durchgesetzt und erstaunlich viele Rennen gewonnen.	Beim diesjährigen Windhundrennen haben sich **insbesondere/besonders** die Außenseiter durchgesetzt und erstaunlich viele Rennen gewonnen.

Kleines Glossar

Ablaut: systematischer Wechsel von Vokalen in verwandten Wörtern.

Abtönungspartikel: siehe Modalpartikel.

Adjektiv: Eigenschaftswort, bezeichnet Eigenschaft oder Merkmal von etwas, zum Beispiel grün, groß, dick, dünn.

adjektivisch: eigenschaftswörtlich, als Adjektiv gebraucht, das Adjektiv betreffend.

Adverb: Umstandswort, bezeichnet Umstand des Ortes, der Art und Weise, des Grundes oder der Zeit oder die entsprechenden Beziehungen, etwa gern, abends, anders.

adverbial: umstandswörtlich, als Adverb gebraucht, zum Adverb gehörend, darunter auch hoffentlich oder leider.

Akkusativ: der vierte Fall, auch Wenfall genannt.

Akronym: Abkürzungswort, zum Beispiel Aids oder GAU.

Aktiv: Verbform, Gegensatz: Passiv, drückt bei Verben die Richtung eines Geschehens oder Verhaltens vom Satzgegenstand her gesehen aus, etwa machen.

Alliteration: Stabreim, Gleichklang oder Wiederholung der ersten Laute von Silben, beispielsweise gute, günstige Gartengeräte.

Apophonie: siehe Ablaut.

Apposition: Zusatz oder Beisatz zu einem Wort, um dieses näher zu bestimmen oder zu erläutern, zum Beispiel meine Tante Erika oder Laura, meine beste Freundin.

Artikel: gibt Fall, Geschlecht und Zahl bei Substantiven an; man unterscheidet bestimmte (der, die, das) und unbestimmte (ein, eine) Artikel.

Attribut: Beifügung, die Substantive, Adjektive oder Adverbien näher bestimmt, zum Beispiel das neue Auto oder dieses Wetter heute.

Dativ: der dritte Fall, auch Wemfall genannt.

Dekompositum: zusammengesetztes Wort mit mehr als zwei Bestandteilen, etwa Straßenbahnfahrkarte oder Telefonmonatsrechnung.

Demonstrativpronomen: hinweisendes Fürwort, beispielsweise dieser, diese, dieses.

Etymologie: Lehre von der Herkunft der Wörter.

Finalsatz: kennzeichnet eine Absicht, einen Zweck, zum Beispiel: Sie ging nach Hause, damit ihre Eltern nicht wieder schimpften.

Genitiv: der zweite Fall, auch Wesfall genannt.

Genitivattribut: Substantiv im Genitiv, das einem anderen Substantiv zugeordnet ist, um es näher zu bestimmen, zum Beispiel das Haus meiner Tante.

Genitivus partitivus: Genitiv als Teil eines übergeordneten Ganzen, etwa die Hälfte seines Geldes.

Genus: Geschlecht eines Substantivs oder Pronomens, man unterscheidet männlich (maskulin), weiblich (feminin) und sächlich (neutrum).

Homonymie: Mehrdeutigkeit von Wörtern mit unterschiedlicher Wurzel und damit auch unterschiedlicher Bedeutung, etwa Ampel für Verkehrsampel und Blumenampel. Nicht zu verwechseln mit Polysemie.

Hyperonym: Oberbegriff, übergeordneter Begriff, etwa Kleidung als Oberbegriff für Hemd und Hose.

Hyponym: Unterbegriff, untergeordneter Begriff, etwa Apfel als Unterbegriff zu Obst.

Imperativ: Befehlsform, drückt eine Aufforderung, Warnung oder Bitte aus, zum Beispiel gib oder nimm.

Indefinitpronomen: unbestimmtes Fürwort, bezeichnet Personen oder Sachen ganz allgemein, darunter man, jeder, etliche, viele, alle, niemand.

Indikativ: Wirklichkeitsform, Modus oder Aussageweise des Verbs.

Infinitiv: Nennform eines Verbs, ohne Angabe von Person oder Zahl, etwa kommen oder gehen.

Interjektion: Ausruf, Empfindungswort, kann eine Aufforderung oder Begehren ausdrücken, oft lautmalerisch, beispielsweise ah, oh, he.

Interrogativpronomen: Fragefürwort, leitet eine Frage ein, unter anderen wer, wie, was, warum.

Intransitiv: Bezeichnung für nichtzielende Verben, die kein Passiv bilden können, zum Beispiel gehen.

Kausalsatz: kennzeichnet einen Grund oder eine Ursache, etwa:
Ich kann leider nicht vorbeikommen, weil ich auf einen dringenden Anruf warte.

Komparativ: Vergleichsform bei Adjektiven, erste Stufe der Steigerung, beispielsweise besser.

Kompositum: zusammengesetztes Wort, etwa parteiintern.

Konditionalsatz: kennzeichnet eine Bedingung für ein Geschehen, zum Beispiel: Falls du keinen Urlaub bekommst, müssen wir die Reise absagen.

Kongruenz: Übereinstimmung von Satzteilen, die formal zusammengehören, in Kasus, Numerus und Genus.

Konjunktion: Bindewort, das Sätze, Wortgruppen oder Wörter verbindet, man unterscheidet koordinierende (neben-, beiordnende) und subordinierende (unterordnende) Konjunktionen, etwa und, oder.

Konjunktiv: Möglichkeitsform, Modus oder Aussageweise des Verbs, um etwas als unwirklich, vorgestellt, erwünscht, von anderen behauptet/gesagt darzustellen. Er sagte, er sei verhindert.

Konsekutivsatz: kennzeichnet eine Folge, etwa: Sie war so krank, dass sie nicht zur Arbeit gehen konnte.

Kontamination: Wortkreuzung oder Wortverschmelzung, die oft zu falschen neuen Wörtern führt, zum Beispiel zumindestens aus zumindest und mindestens.

Konzessivsatz: kennzeichnet einen Umstand, der einem Geschehen entgegenwirkt, es jedoch nicht zwingend verhindert, etwa: Trotzdem sie vorsichtig war, fiel sie von der Mauer.

Kopulativkompositum: aus zwei gleichwertigen Wörtern zusammengesetztes Wort, beispielsweise Kindergarten.

Lokalsatz: kennzeichnet einen Ort, etwa: Sie folgte dem Hund, wohin er sie auch zog.

Modaladverb: Adverb, das die Art und Weise einer Handlung näher bestimmt, zum Beispiel gern, umsonst, netterweise.

Modalitätsverb: Verb, das immer in Verbindung mit anderen Verben auftritt, fordert stets einen Infinitiv mit *zu*, darunter drohen, versprechen, scheinen. Nicht zu verwechseln mit Modalverben.

Modalpartikel: charakterisiert die Einschätzung eines Sprechers in Bezug auf das Gesagte, unter anderen ja, doch, aber, nur.

Modalsatz: kennzeichnet die Art und Weise eines Geschehens, zum Beispiel: Er befreite sie aus der Patsche, indem er alle Schuld auf sich nahm.

Modalverb: Verb, das in Verbindung mit dem Infinitiv steht und ein anderes Sein oder Geschehen verändert, darunter müssen, dürfen, können.

Nominativ: der erste Fall, auch Werfall genannt.

Numerus: grammatische Kategorie bei Nomen und Verben, gibt die Anzahl der bezeichneten Gegenstände oder handelnden Personen an.

Objekt: Satzglied, wird vom Verb als Ergänzung benötigt. Man unterscheidet Genitiv-, Dativ-, Akkusativ- und Präpositionalobjekt. Zum Beispiel: Ich gehe in das Haus.

Oxymoron: rhetorische Figur, paradox wirkende Verknüpfung von zwei gegensätzlichen Begriffen, etwa beredtes Schweigen, milde Strenge.

Pars pro toto: rhetorische Figur, Verwendung eines Teilbegriffs anstelle eines Gesamtbegriffs, zum Beispiel: Ich habe keine Zeile (anstelle von Buch) gelesen.

Partizip: Mittelwort, bestimmte Form des Verbs zwischen Adjektiv und Verb, man unterscheidet Partizip Präsens und Partizip Perfekt, etwa habend oder gehabt.

Passiv: Verbform, auch Leideform genannt, weil der Urheber nur nebenbei genannt wird und nicht aktiv wird, beispielsweise: Er wurde gerufen. Gegensatz: Aktiv.

Personalpronomen: persönliches Fürwort, kennzeichnet, um welche Person oder welche Sache es geht, zum Beispiel mir, dich, ich, du.

Pleonasmus: rhetorische Figur, Hinzufügen einer Eigenschaft, die im Gesagten bereits enthalten ist, etwa weißer Schimmel, süßer Zucker.

Plural: Mehrzahl, Wortform, die sich auf mehrere Dinge oder Lebewesen bezieht, etwa Katzen im Vergleich zum Singular Katze.

Polysemie: Mehrdeutigkeit von Wörtern mit gleicher Wurzel, zum Beispiel Pferd für die Schachfigur und das Tier. Nicht zu verwechseln mit Homonymie.

Polysyndeton: rhetorische Figur, Aneinanderreihung von Wörtern, Satzteilen oder Sätzen mit Konjunktionen, beispielsweise: Und es regnet und stürmt und friert und windet.

Positiv: Vergleichsform bei Adjektiven, Grundform der Steigerung, zum Beispiel groß.

Possessivpronomen: besitzanzeigendes Fürwort, zeigt eine Zugehörigkeit oder einen Besitz an, darunter mein, dein, unser, euer.

Prädikat: Satzaussage, drückt ein Geschehen oder einen Zustand aus oder was mit dem Subjekt geschieht, etwa Peter ist groß.

Präfix: Vorsilbe, die untrennbar vor ein Wort gesetzt wird und so ein neues Wort entstehen lässt, zum Beispiel ver-, aus heiraten wird dann verheiraten.

Präposition: Verhältniswort, kennzeichnet in Verbindung mit einem Substantiv ein Verhältnis kausaler, räumlicher oder zeitlicher Art, unter anderen mit, auf, an, von.

Präpositionalgefüge: Verbindung einer Präposition mit einem Substantiv, Adverb oder Adjektiv, etwa: Die Behälter lassen sich mit Druckluft füllen.

Pronomen: Fürwort, kann an der Stelle eines Substantivs im Satz stehen, beispielsweise welcher, er, sie, es.

Relativpronomen: bezügliches Fürwort, leitet einen Nebensatz ein und bezieht sich immer auf ein Substantiv oder Pronomen des übergeordneten Hauptsatzes, unter anderen der, die, das, welcher, welche, welches.

Singular: Einzahl, Wortform, die sich auf einzelne, einmalige Dinge oder Lebewesen bezieht, etwa Hund im Vergleich zum Plural Hunde.

Subjekt: Satzgegenstand, Teil eines Satzes, über den etwas ausgesagt wird, der etwas Vorhandenes kennzeichnet, beispielsweise: Er ist ein guter Lehrer.

Substantiv: Hauptwort, Dingwort, das ein Ding oder Lebewesen benennt, zum Beispiel Hund, Katze, Maus.

Suffix: Nachsilbe, Wortteil, der an ein Wort oder einen Wortstamm angehängt wird und so ein neues Wort bildet, etwa -heit; aus schön wird Schönheit.

Superlativ: Vergleichsform bei Adjektiven, höchste Stufe der Steigerung, beispielsweise am größten.

Synonyme: verschiedene Wörter, die ein und dieselbe Bedeutung haben, etwa Kopf und Schädel, und daher gegeneinander austauschbar sind.

Temporalsatz: kennzeichnet eine Zeitangabe, zum Beispiel: Während wir gestern Abend im Kino waren, brannte unsere Küche ab.

Transitiv: Bezeichnung für zielende Verben, die ein Passiv bilden können, etwa aufhängen – aufgehängt.

Umlaut: Veränderung eines Vokals in einen ähnlich klingenden Vokal, so werden zum Beispiel a, o und u zu ä, ö und ü.

Verb: Tätigkeitswort, das eine Tätigkeit, ein Geschehen oder einen Zustand beschreibt, etwa gehen oder schwimmen.

Testauflösungen

Vorab – alles eine Typfrage

Um Ihren Grammatiktyp zu bestimmen, zählen Sie anhand der folgenden Tabelle zusammen, wie viele Punkte Sie für Ihre Antworten bekommen haben, und lesen Sie das Ergebnis in der entsprechenden Rubrik nach.

1.	Ja	0 Punkte	Nein	5 Punkte
2.	Ja	5 Punkte	Nein	0 Punkte
3.	Ja	0 Punkte	Nein	5 Punkte
4.	Ja	5 Punkte	Nein	0 Punkte
5.	Ja	0 Punkte	Nein	5 Punkte
6.	Ja	5 Punkte	Nein	0 Punkte
7.	Ja	0 Punkte	Nein	5 Punkte
8.	Ja	5 Punkte	Nein	0 Punkte
9.	Ja	5 Punkte	Nein	0 Punkte
10.	Ja	0 Punkte	Nein	5 Punkte
11.	Ja	0 Punkte	Nein	5 Punkte
12.	Ja	0 Punkte	Nein	5 Punkte
13.	Ja	5 Punkte	Nein	0 Punkte
14.	Ja	5 Punkte	Nein	0 Punkte
15.	Ja	0 Punkte	Nein	5 Punkte
16.	Ja	5 Punkte	Nein	0 Punkte
17.	Ja	0 Punkte	Nein	5 Punkte
18.	Ja	5 Punkte	Nein	0 Punkte
19.	Ja	0 Punkte	Nein	5 Punkte
20.	Ja	0 Punkte	Nein	5 Punkte

0–30 Punkte

Sie sind eindeutig als *grammatikophob* einzuordnen. Machen Sie sich keine Illusionen, die deutsche Sprache wird niemals Ihre beste Freundin werden – aber wahrscheinlich ist Ihnen das auch gerade recht. Grammatikregeln sind Ihrer Meinung nach schließlich etwas für verknöcherte Spießer, die an allem und jedem etwas herumzukritteln haben. Und davon sind Sie völlig frei und meilenweit entfernt.

Dennoch ist das keine Entschuldigung dafür, so zu reden und vor allem zu schreiben, wie es Ihnen eben gerade mal zufällig passt. Nun seien Sie mal bitte nicht so einsichtsresistent. Sie können auch ohne all die – zum Teil wie eine ansteckende Krankheit klingenden – Fachbegriffe auf richtiges und gutes Deutsch achten. Sie müssen nur wollen. Also: Nehmen Sie sich ein Herz und lassen Sie sich auf das Abenteuer Sprache ein, Sie werden sicher belohnt werden.

35–70 Punkte

Bei Ihnen handelt es sich eher um den *grammatikneutralen* Typen. Sie sind zwar noch ein bisschen grün hinter den Grammatikohren, aber im Großen und Ganzen finden Sie sich in der deutschen Sprache ganz gut zurecht. Sie haben in der Schule offenbar nicht nur mit Ihren Banknachbarn heimlich Briefchen geschrieben oder gezählt, wie oft Ihr Deutschlehrer pro Stunde »äh« sagte.

Eine weise Entscheidung. Denn immerhin scheinen Sie ein paar grundlegende Grammatik- und Rechtschreibregeln zu beherzigen, womit es Ihnen gelingen dürfte, zumindest die dicksten sprachlichen Dunstschleier ein wenig zu lüften. Und das ist doch schon mal ein Anfang!

75–100 Punkte

Keine Frage, Sie sind ein *grammatikophiler* Mensch. Der Umgang mit Sprache macht Ihnen Spaß, Sie kennen sich sowohl mit Rechtschreibung als auch der deutschen Grammatik gut bis sehr gut aus. Dementsprechend fällt es Ihnen nicht weiter schwer, sich die Regeln zu merken und diese auch korrekt anzuwenden. Sogar die Rechtschreibreform hat Sie nicht weiter aus dem Konzept gebracht und Sie kommen gut damit zu-

recht. Und wenn Sie tatsächlich mal nicht weiterwissen, dann rufen Sie einfach die Hotline der Duden-Sprachberatung an, die wissen immer kompetent und zuverlässig Rat.
Allerdings sollten Sie gelegentlich ein wenig nachsichtiger mit Ihren Mitbürgern sein, die sich eventuell mehr für andere Dinge wie Autos, Fußball oder Kosmetik interessieren. Das sind auch Menschen.

Greenhorn-Test – Ein bisschen Spaß muss sein

Vergleichen Sie die folgende Tabelle mit den von Ihnen angekreuzten Aussagen und zählen Sie anschließend, wie viele Antworten Sie richtig haben.
Korrekt sind die folgenden Antworten:

1c	**6a**
2a	**7d**
3d	**8b**
4b und c	**9d**
5b	**10c**

0–3 Antworten richtig
Nun ja, eine grammatikalische Glanzleistung haben Sie da nicht gerade hingelegt. Ihnen bleibt eigentlich nichts anderes übrig, als sich in buddhistischer Gelassenheit zu üben und mit Ihrem Unwissen zu kokettieren – oder Sie lesen dieses Buch so lange, bis sich auch die letzte Eselsbrücke für immer und ewig in Ihr Langzeitgedächtnis eingebrannt hat.

4–7 Antworten richtig
Sagen wir es mal so: Es besteht durchaus noch Hoffnung, dass Sie den Grammatikführerschein beim zweiten oder dritten Anlauf bestehen. An die weiteren Tests sollten Sie sich allerdings erst wagen, wenn Ihre Kenntnisse der deutschen Sprache auf einem solideren Fundament ste-

hen. Schließlich soll dieses Buch Sie nicht schon auf den ersten zwanzig Seiten frustrieren.

8–10 Antworten richtig
Herzlichen Glückwunsch! Die erste Hürde auf dem Weg zum Grammatikprofi haben Sie mühelos genommen. Machen Sie am besten gleich weiter mit dem nächsten Test und stellen Sie sich den kniffligeren Fragen. Viel Spaß dabei!

Otto-Normalverbraucher-Test – Jetzt mal Spaß beiseite

Vergleichen Sie die Auflösung mit den von Ihnen angekreuzten Antworten und zählen Sie, wie oft Sie richtig lagen.

1.	Im November **dieses** Jahres fahren wir nach Gran Canaria in Urlaub.	R ☐ F ☒
2.	An Ostern nächsten Jahres wollen wir ein Grillfest machen.	R ☒ F ☐
3.	Gestern bin ich zwei Stunden bei meinem Hautarzt im Wartezimmer gesessen.	R ☒ F ☐
4.	Sie **hängte** die Wäsche zum Trocknen auf die Leine.	R ☐ F ☒
5.	Nils und Carla gehen spazieren.	R ☒ F ☐
6.	Entweder Jörg oder Uli **geht** nachher mit dem Hund raus.	R ☐ F ☒

7. Meine Schwester und ich haben **uns** nach sieben Jahren zum ersten Mal wiedergesehen. R ☐ F ☒

8. Sie war ein frühreifes Mädchen mit vorlautem frechem Mundwerk. R ☒ F ☐

9. Nach einem ausgedehnten Spaziergang nahm er eine Tasse **Tee** zu sich. R ☐ F ☒

10. Ich traute mich nicht allein in das dunkle Haus. R ☒ F ☐

11. Ich traue es mir nicht zu. R ☒ F ☐

12. Zwischen Juni **und** August blühen bei uns im Garten immer die Rosen. R ☐ F ☒

13. Das hat mein Vater **von jeher/seit je** so gehandhabt, also mache ich es auch so. R ☐ F ☒

14. Wegen **Urlaub** geschlossen. R ☐ F ☒

15. Claudias wegen haben wir uns diesen Actionfilm angesehen. R ☒ F ☐

16. Ich bin mal wieder die **Einzige**, die an den Schlüssel gedacht hat. R ☐ F ☒

17. Trotz kaltem Wind spielten Sie draußen Fußball. R ☒ F ☐

18. Wir empfehlen uns als Ihren Frisör. R ☒ F ☐

19. Jeder, **der** will, kann für das Amt des Bürgermeisters kandidieren. R ☐ F ☒

20. Der Besuch eines unserer entfernten Verwandten verlief langweilig. R ☒ F ☐

21. Die Chorsänger wurden in zwei **große** Gruppen aufgeteilt. R ☐ F ☒

22. Im Radio kommen jede halbe Stunde die **aktuellen** Verkehrsnachrichten. R ☐ F ☒

23. Das brauchst du nicht **zu** tun, ich kümmere mich schon darum. R ☐ F ☒

24. Nach dem Konzert sind eine große Anzahl Zuschauer sofort gegangen. R ☒ F ☐

25. Ich leihe nie jemandem Geld, bevor ich mich ~~nicht~~ von seiner Seriosität überzeugt habe. R ☐ F ☒

0–6 Antworten richtig

Au weia! Um Ihre Grammatikkenntnisse ist es nun wahrlich nicht gut bestellt. Hier hilft nur eines: Lesen Sie nicht weiter, sondern suchen Sie bitte unverzüglich Ihre Grundschullehrerin (oder deren Nachfolgerin) auf und lassen Sie sich die ganze Chose noch mal von vorn erklären.

7–15 Antworten richtig

Die Lage ist dramatisch, aber nicht aussichtslos. Sie haben sich bei diesem Test zwar nicht gerade mit Ruhm bekleckert, aber ein rudimentäres Gerüst ist offenbar vorhanden. Und darauf sollten Sie aufbauen. Fangen

Sie – wie beim Sport – langsam an, mit 3 x 2 Wiederholungen pro Tag, und steigern Sie das Ganze langsam auf 10 x 5 Einheiten. Sie werden sehen, bald schon sind Sie fit in Sachen deutsche Sprache und können sich am Ende sogar für den grammatikalischen Ironman (bestehend aus konjugieren, deklinieren, Dative eliminieren) anmelden. Wir drücken Ihnen jedenfalls schon mal die Daumen!

16–20 Antworten richtig

Glückwunsch! Ihr Testergebnis kann sich durchaus sehen lassen. Auch wenn es an der einen oder anderen Stelle noch hapert, Sie haben das Zeug zum soliden Grammatikanwender. Versuchen Sie doch ruhig einmal, Ihr sprachliches Potenzial auszubauen, indem Sie schon bei der Lektüre der Morgenzeitung einen Rotstift zücken und die Grammatikfehler (keine Sorge, es gibt genug davon) markieren. Sobald Sie es darin zu einer gewissen Routine gebracht haben, können Sie zu den Fortgeschrittenen überwechseln und über das Verfassen empörter Leserbriefe nachdenken.

21–25 Antworten richtig

Hut ab! Sie kennen sich aus. Sie dürfen sich hiermit als Marcel Reich-Ranicki der deutschen Grammatik rühmen und sämtliche Ehrendoktortitel annehmen, die Ihnen landauf, landab so angetragen werden. Falls man Ihnen zufällig auch den Posten als Kulturstaatsminister anbieten sollte – so sagen Sie doch bitte ohne lange zu überlegen zu und reformieren Sie gleich als erste Amtshandlung die Rechtschreibreform.
Und keine Angst vor dem Profitest: Sie werden mit Sicherheit nicht schlecht abschneiden.

Profi-Test – Da hört der Spaß auf

Vergleichen Sie die folgende Tabelle mit den von Ihnen angekreuzten Aussagen und zählen Sie anschließend, wie viele Antworten Sie richtig haben.

Korrekt sind die folgenden Antworten:

1b	6c
2a	7a und b
3c	8a
4a	9e
5e	10e

0–3 Antworten richtig

Respekt, dass Sie sich an diesen Test gewagt haben. Das beweist Mut – oder eine latente Neigung zur grenzenlosen Selbstüberschätzung. Aber das werden Sie sicher selbst am besten wissen.

Grundsätzlich gilt bei dem von Ihnen erzielten Testergebnis die Devise: Nur nicht verzagen. An diesen Aufgäbchen sind schon ganz andere gescheitert. Trotzdem sollten Sie sich vielleicht erst mal noch ein wenig mit der praktischen Seite der deutschen Sprache beschäftigen, bevor Sie in die Theorie einsteigen und sich den kniffligeren Fragen stellen.

Den Test können Sie dann nach einiger Zeit einfach noch mal wiederholen – dafür jetzt schon mal viel Erfolg!

4–7 Antworten richtig

Na also! Sie haben sich doch ganz wacker geschlagen. Wie Sie sicher bei den vorhergehenden Tests bewiesen haben, sind Sie, was die praktische Anwendung der Grammatikregeln und den richtigen Umgang mit der deutschen Sprache angeht, recht fit. An Ihren theoretischen Kenntnissen können Sie jederzeit noch feilen. Und mal ehrlich: Eigentlich ist es doch gar nicht so wichtig, zu wissen, warum etwas so und nicht anders gesagt oder geschrieben werden darf. Hauptsache, es ist richtig.

Falls es Sie dennoch interessiert, werden Sie in diesem Buch den ein oder anderen spannenden oder lustigen Aspekt erfahren, von dem Sie bisher nichts wussten – und vielleicht merken Sie sich ja auch die eine oder andere zusätzliche Regel. Dann hätte sich das Ganze auch schon wieder gelohnt.

8–10 Antworten richtig
Sensationell! Sie kennen sich auf dem weiten Feld der deutschen Grammatik aus und lassen sich so schnell nicht ins Bockshorn jagen. Souverän haben Sie die Tücken und Fallen der deutschen Sprache umgangen und sich auch von Fangfragen und dergleichen in unseren Tests nicht irritieren lassen.
Nur: Was machen Sie mit diesem Buch? Am besten, Sie verschenken es gleich weiter an jemanden, der es nötiger braucht als Sie. Oder Sie lesen Ihnen nahe stehenden Personen, um deren Grammatik- und Sprachkenntnisse Sie sich Sorgen machen, regelmäßig daraus vor. So haben Sie sicher auch noch Ihren Spaß dabei.

Der Lückentest

Im Rahmen der Rechtschreibreform hat die Länderkommission der Kultusminister in einem geheimen Staat**s**akt versucht, die ersatzlose Streichung des Fugen-s durchzusetzen. Doch weder die Ministerpräsidenten der einzelnen Bund**es**länder noch der BND reagierten auf den infamen Vorstoß, da sie gerade mit der Erhöhung der Mehrwertsteuer und anderen Staat**s**geheimnissen beschäftigt waren.
Dem beherzten Eingreifen persönlich betroffener Bundestag**s**- und Bundesrat**s**abgeordneter ist die Vereitelung dieser Pläne zu verdanken, denn sie erkannten sofort, dass dies ihre Existenz gefährdet hätte. Deutlich schwerer wog allerdings die Tatsache, dass mit dieser vorschnellen Gesetz**es**änderung die Grundlage für sämtliche Staat**s**geheimnisse mittels einer so genannten neu zu erstellenden Übergang**s**regelung hätte gesichert werden müssen.
Mit großer Abstimmung**s**mehrheit wurde in einer eilig einberufenen Dringlichkeit**s**sitzung die Abschaffung des Fugen-s von den Parlament**s**abgeordneten mittels einstweiliger Verfugung untersagt. Allerdings machten die Kommission**s**mitglieder zahlreiche Zugeständnisse in Form von Ausnahmeregelungen. Damit trugen sie einem Eilantrag der Interessen**(s)**sgemeinschaft der Verwaltung**s**angestellten Rechnung. Diese

hatten nämlich schon die Abschaffung der Parlament**s**kantine samt der allseits beliebten Tag**es**gerichte wie Rind**s**rouladen oder Bratkartoffeln befürchtet und daher ihr Veto eingelegt.

Boarisch für Preißn

Für alle Nichtbayern unter Ihnen sei hier noch kurz aufgelöst, was die bayerischen Wortkreationen von S. 177 ins Deutsche übersetzt bedeuten:

zammadschmatz'n – zusammentelefonieren,
zupf di zuawa – setz dich her/rutsch her,
zweagsdnoggadebifen – querfeldein.

Danke!

Ich danke all jenen, die tagtäglich mein Sprachgefühl schärfen und mir im Laufe der Jahre meine eigenen »dö~~ö~~fsten« Grammatikfehler vor Augen geführt und damit ausgetrieben haben.
Besten Dank auch den vielen sprachbegeisterten Menschen um mich herum, die mir ihre Lieblingsdeutschfehler anvertraut und dieses Buch bereichert haben. Ebenso dem einzigen Mitglied der Geheimen Gesellschaft zur Verhinderung der Ausbreitung der »beis«, die in diesem Buch leider unerwähnt bleibt.
Ich danke – unbekannterweise – Bruno Labbadia, der nicht nur fußballerisch, sondern auch wortschöpferisch ungemein kreativ war, und dessen »hochsterilisieren« seit Jahren einen Spitzenplatz auf der Liste meiner Lieblingswörter innehat.
Ein besonders dickes Danke geht an Julia, meine persönliche Motivationstrainerin, an der eine 1A-Cheerleaderin verloren gegangen ist. Außerdem an Kerstin und die andere Julia für ihre Inspiration bei den Beispielsätzen, an Inge für ihren effektiven Schnellkurs in »Boarisch für Preißn« sowie an Christiane, deren Rat ich seit Jahren schätze und von der ich schon so viel gelernt habe.
Ganz herzlich danke ich auch Berrit Barlet von Heyne für ihre Geduld, die ich auf eine harte Probe gestellt habe.